奇跡の営業

ソニー生命保険株式会社
ライフプランナー
山本正明
Yamamoto Masaaki

サンマーク出版

「強み」なんてなにもない。
そんな人ほど、成功を引き寄せるのです。

はじめに

それまでの仕事は中堅ゼネコンの現場監督――。ダイナマイトでトンネルを掘り、コンクリートで高架橋や下水道をつくる、ごくふつうの技術者でした。

営業の世界に入ったのはおよそ一〇年前、四四歳のときのことです。

いまから思うと無謀な転職でしたが、**そんな私が、気づけば二〇一二年短期コンテスト件数部門でソニー生命四〇〇〇人のトップに立っていました。**

ソニー生命の営業マンに転職したいと言い出したとき、周囲は誰一人として賛成してはくれませんでした。

当然の結果です。

高専では土木工学、大学では建設工学の研究に没頭し、ひたすら技術畑を歩んできた私は、しゃべり上手でもなければ保険や金融に詳しいわけでもありません。

しかも年齢はすでに四四歳――。

まったく経験のない、新しい世界へ飛びこんでいくにはたいへん勇気のいる歳でした。

しかし、そんな「ただのおじさん」の私でさえ、トップクラスの営業マンになったのです。

入社直後の三か月間はどん底のスランプを経験したものの、ある人の言葉で奮起してからは新規の契約が途切れることはなく、同期トップの営業マンとして新人賞を獲得することができました。**契約はいまでも途切れず、四六〇週連続で新規契約を獲得しています。**

そして九年目、私はついに社内の短期コンテスト件数部門で全国第一位となり、五三歳にしてソニー生命の営業マン四〇〇〇人の頂点に立つことができたのです。

なぜ、技術者あがりの口下手な私が営業の世界で成功できたのか――?

結論から言うと、「紹介」に焦点をあてた独自の営業スタイルを確立したからです。

「なんだ、紹介なんて当たり前のことじゃないか」

そう思われたかもしれません。**しかし、重要なのは紹介を「最重要視」しているかどうかです。**その意味で、契約をとることより、本気で紹介をもらうことを重視して営業している人は、残念ながら、私の知るかぎりほとんどいません。

紹介が大切だということは、営業マンならきっとご理解いただけるでしょう。まったくのゼロから新規顧客を開拓するのは大変だけれど、お客様からお客様を紹介してもらうことができれば、こんなに楽なことはありません。

ところが、ほとんどの営業マンにはそれができません。ノウハウがないからです。やり方がわからないから、「紹介は難しい」「紹介を頼むのは勇気がいる」「紹介がもらえるのは一部の特別な営業マンだけだ」としり込みをしているのです。

そして目先の成績を求めて契約をとろうとしますが、**そういった契約はあとで「解約」されることが多く、結局は一時的な成果に終わってしまいます。**

そして結果的に新規契約をいただけなくなり、失意のまま会社を辞めていく――。

私はそんな営業マンを何人も見てきました。本当にもったいないことだと思います。

紹介は難しいのか？

そんなことは断じてありません！　むしろいまほど紹介が簡単にもらえる時代はないと思っています。

なぜいまなのか？

昨今、人々のつながりが希薄になったことで、他人への警戒心は強くなりました。

実際、インターネットのフィッシング詐欺やオレオレ詐欺など、警戒しないとだまされてしまうケースも多くあります。私の実感としても、一昔前に比べて簡単に話を聞いてくれたり、家に入れてくれたりする人は明らかに減少しました。

しかし、だからこそでしょう、**「知り合いの紹介」に関してはいままで以上に信頼してくれるのです。**商品の購入につながりやすいのは言うまでもありません。

やり方さえわかれば、お客様は喜んで親戚《しんせき》や友人知人を紹介してくれます。

事実、私は八〇％以上の確率でお客様から紹介をもらっています。一人のお客様が平均二・五人を紹介してくれますから、次のようになります。

（お客様）×（紹介率）×（紹介人数）＝平均紹介人数

1 × 0・8 × 2・5 ＝ 2

つまり平均すると、一人のお客様が二人に増える計算になります。まるで「奇跡」が起きているかのように、どんどん紹介者が増えていく。

この紹介連鎖を可能にしているのが、**一枚のアンケートを軸にした〝山本流〟の紹介ノウハウです。**

〝山本流〟では、話し上手かどうかは関係ありません。むしろ口下手な人ほど紹介をもらいやすいという側面さえあります。

お客様はといえば、紹介を嫌がるどころか「知人に紹介できてよかった！」と口々に唱え、商品の満足度がさらに高まり、解約率はかぎりなくゼロに近づきます。

そしてまた、お客様に喜んでいただけた、お客様に愛されているという実感は、営業マンの自信とやりがいにつながります。訪問先を紹介してもらえるうえ、仕事が俄《が》然《ぜん》おもしろくなるのだから、成績が上がらないわけがない！　数か月もすれば、あなたは自然とトップ営業マンの仲間入りを果たしていることでしょう。

実際にやることといえば、極めてシンプルです。

①アンケートをつくる

②商品の説明後、アンケートを書いてもらう

極端な話、たったこれだけでうまくいくのです。ただし、どんなアンケートでもいいわけではありません。とはいえ重要なのはたったふたつ。

「私の商談のどこがよかったか」

「誰を紹介してくれるのか」

このふたつをアンケートに盛りこむこと。これだけで、アンケートが**「魔法のアンケート」**になるのです。

もちろん、何人紹介されても一件の契約ももらえなければ仕方がありませんので、契約をいただくためのノウハウも必要ですが、**一件でも契約をいただいたことがある**

人ならば、誰でもうまくいきます。その具体的な方法は本書で細かく説明いたしますが、「紹介」を念頭に置くことで、契約も極めてスムーズにいただけるようになるのです。

実際に、私がこのノウハウを伝授した後輩たちは例外なく成績を伸ばしており、なかには社内での私の地位をおびやかしてくれるほど成長途上の若手もいます。

また、私が指導する「山本塾」の受講生のひとりは、営業ツールを販売する会社でこのノウハウを応用して**年収を五倍**にアップさせたし、知り合いの漢方薬局は紹介アンケートによって**固定客を倍増**させました。

たった一枚のアンケートから生まれた〝山本流〟のノウハウは現在、急速に普及しており、各所でめざましい効果を上げています。保険のみならず幅広い業界に応用できることも立証ずみで、とくに自動車や不動産といった高額商品を扱う業界、エグゼクティブ向けのビジネス、中小企業向けの法人営業など、「紹介」がキーとなる世界ではより大きな効果が期待できます。

モノが売れない時代といいますが、そんなことは決してありません。
――正確には、人々がどこで、誰からモノを買っていいかわからない時代です。
だからこそ、紹介を介しさえすれば、これほど売りやすい時代はないのです。

いまこそ「契約をとるだけの営業マン」から「紹介をもらえる営業マン」へと進化を遂げるときです。本書には、そのために必要な〝すべて〟が詰まっています。アンケート一枚で自分の成績が奇跡的に上がり、人生が大きく変わる、その感触をぜひ味わってほしいと思います。

未経験だろうが、何歳だろうが、誰でもトップになれる。それをここに固くお約束いたします。

奇跡の営業　目次

第3章 アンケート用紙一枚で成績が劇的に伸びる

第4章　楽しくなけりゃ、営業じゃない！

装　　丁……重原　隆
本文DTP……J－ART
編集協力……コンセプト21　梅村このみ
編　　集……綿谷　翔（サンマーク出版）

1

第1章

営業での成功は「紹介」なくしてありえない

四四歳で転職して、奇跡の「四六〇週」を記録した秘訣

保険業界では、新規の契約を獲得することを「挙績《きょせき》」といい、挙績を何週間も継続していくことが営業マンの勲章とされています。

週一件の「挙績」だけでも「連続挙績」といい、週二件の新規契約の場合は「挙績2W」、週三件で「挙績3W」とカウントされます。

そして私は四四歳で営業マンになったその年から現在まで、ほぼ「3W」の挙績を継続しています。「3W」が達成できなかったのはおよそ一〇年間の営業人生において、病気で入院していたたった一週だけ、それでも**「2W」に関しては入社以来、一度も途切れることなく四六〇週以上続けています。**

簡単にいえば、私は週三件の新規契約を入社から一〇年間コンスタントにいただき続けているのです。**これは社内同期では文句なしにナンバーワン、まだ営業経験一〇年に満たない身ですが、全国の生命保険営業マンのなかでもこれほどの記録を達成し**

ている人はなかなかいないのではないかと思います。

本書の冒頭でも述べたように、私は四四歳にしてゼネコンの現場監督から営業マンに転身しました。そんな経験も知識もない中年のド素人が、どうしてこんな前人未到の奇跡的な大記録を打ち立てることができたのか——。

それには二つの理由があります。

一つは、「紹介」をもらう営業こそ最強だと気づいたこと。そして本書で追って紹介する「魔法のアンケート」を武器にしたことです。私はこのアンケートのおかげで、お客様から簡単に「紹介」をもらえるようになりました。お客様からの紹介がなければ、連続挙績の記録などあっさり途絶えていたでしょう。

もう一つの要因は、私の「素直さ」にあると思っています。

なんの取り柄もないと思っていた私ですが、社内のアンケートなどで唯一、人から言われたのが「素直だ」ということでした。とくに上司から言われて私自身も気づいたのですが、人からすすめられたり、「いいな」と思ったことはすぐにとり入れて実践します。

たとえば私は、ある時期からスーツの胸ポケットに木綿の白ハンカチをさしています。これは同僚から「清潔感があるし、なんとなく頭がよく見える」と教えられて早速マネしたものです。効果があるかどうかは正直わかりません。でも、やらないよりはやったほうがいいだろうと思ったから試しているのです。

シャツの袖口にカフスボタンをつけるようになったのも、女性のお客様と会う前にアロマのフレグランスをスプレーするようになったのも、すべて同僚との情報交換やセミナーで聞きかじったことの実践です。自分がトップ営業マンの一人になって初めてわかったことですが、成功している人の共通点はこの「素直さ」があることです。

じつをいえば、〝山本流〟営業のキモであるアンケートでさえも、あるとき先輩から「紹介がほしいならアンケートを使うといい」と教わり、素直にそれを実践したのがはじまりでした。話を聞いていたのは私だけではありませんでしたが、実践したのはごくわずか、**さらにそれを愚直に続けたのはなんと先輩含めて私だけだったのです。**

いまの私が八〇％以上のお客様から平均二・五人を紹介してもらえるようになったのは、ひとえにこの〝人マネ癖〟のおかげです。

なにもなかったからこそ、マネからはじまりました。出発点は人マネでも、続けていけば必ず自分のものになっていきます。「いいな」と思うことを素直にマネすることは、**一流の営業マンになるための一番の近道です。**

読者の皆様もぜひ、本書で少しでも「いいな」と思っていただける部分があれば、すぐに実践してください。

「一件の契約」より「二件の紹介」のほうがはるかに大事

契約と紹介、どちらか一方だけもらえるとしたら、あなたはどちらを選びますか？

おそらく大部分の方は「契約！」と答えるのではないかと思います。

しかし、あなたが営業マンとしての大成を望むなら、その考え方はいますぐ改める必要があります。

お客様から紹介をもらわずに契約だけでお別れすれば、その人からの開拓ルートはそこでおしまいになり、「一件の契約」がそれ以上にふくらむことはありません。

一方、たとえ契約にはいたらなかったとしても、相手から二名の知人を紹介してもらうことができれば、ゆくゆくは「二件の契約」につながる可能性があります。紹介の場合、私の経験上、決して大げさな数字などではなく誰でも契約率は八〇%以上になりますから、計算上は二（紹介人数）×〇・八（契約率）＝「一・六件の契約」をいただけることになります。もちろん紹介で向かった先でまた紹介がもらえる可能性も大いにあります。

しかも紹介先のお客様が商品や営業マンを気に入ってくれたら、必ず紹介元である最初のお客様に「いい人（商品）を紹介してもらったわ、ありがとう」とフィードバックがいくので、最初の時点では契約しなかった方でも「そんなにいいなら私も入ろうかしら」と思い直してくれることが少なくありません。

あるいは紹介先をめぐってお客様とやりとりを重ねるうちに、結婚、出産、転職などで状況が変わり、「やっぱり保険に入りたいから来てくれる？」と声がかかるケースも多々あります。

長い目で見れば、契約よりも紹介を選んだほうがずっと効率がいいのです。

だからあなたも**「契約はいただけた、でも紹介にいたらなかった」のなら、その商談は失敗と考えてください。**契約できたことを喜ぶのではなく、紹介を引き出せなかったことを悔やんでください。
その意識こそが、あなたの営業スタイルを変えていくのです。

営業マンなら、山は五合目から登りなさい

とはいえ、つい目先の契約を求めてしまう、紹介のほうがいいなんて理想論だと感じる方もいるでしょう。それは当然の気持ちだと思います。何を隠そう、私自身がそのような気持ちを抱いていました。

でも幸運なことに、私はその理不尽さに気づいた。

転職してちょうど一年がたったころでした。

生保業界には「エックスマーケット」という言葉があります。これは営業マン自身の親戚《しんせき》や友人知人を指す言葉で、駆け出しの保険営業マンはまずこのエックスマーケットのお客様とお会いするのが通例です。

私のケースでいえば、元の職場である株式会社間組（通称：ハザマ）が最大のエックスマーケットであり、ハザマの大阪支店だけでも三〇〇人近い社員がいましたから、彼らを順にまわっていけば、当面の間は営業先に困ることはないと思っていました。

ところが、ことはそう簡単には運びませんでした。

このままでは近い将来、営業に出向く先がなくなってしまう……。

危機感をもちはじめた私は、営業方針を大きく転換しました。すなわち「契約をとる営業」から「紹介をもらう営業」へと舵《かじ》を切り替えたのです。

もちろん、それ以前にも紹介をもらえることは何度かありました。こちらがとくにお願いしなくても、善意で親戚や知人を紹介してくれる方がいらしたのです。

しかし、それはあくまでエックスマーケットだから出た紹介にすぎません。初めて会った新規のお客様が、こちらが頼みもしないのに別のお客様を紹介してくれることなどありえません。

エックスマーケットが尽きたあとも、営業という仕事を永続的に続けていくためには、「知り合い」から安易に紹介をもらうのではなく、「初対面のお客様」に紹介をもらう必要がある――**そのことに気づき、紹介をもらうよう「働きかける」営業に力を入れるようになってからというもの、私の契約率はみるみる上昇し、ついには八〇％を超えるまでになりました。**

それではなぜ、紹介をベースにした営業は成功率が高いのか？

それは、紹介でうかがうお客様というのは非常に〝客筋〟がいいからです。

紹介なしの飛びこみで訪問した先では、お客様も警戒してなかなか話を聞いてくれません。なかには「あとでトラブルになったときの証拠に」と言って、商談を録音するお客様もおられます。それはそれで当然の権利ですが、やはり営業マンとしてはなんとなく気が散って、商談もぎこちなくなってしまいます。

ところが紹介先ではまずそんなことはありません。「○○さんの紹介でうかがいました」と言えば、それだけでいくらかの安心感をもっていただけるし、紹介者という共通の話題があるので人間関係も築きやすくなります。

紹介で営業に出向くということは、登山にたとえるなら五合目、六合目から登れるようなもの。営業先に困らなくなるだけではなく、契約率も格段にアップするのだから、仕事に関しては五合目から登らない手はありません。

それなのに世の中のほとんどの営業マンは、紹介の大切さに気づいていない。

あるいは気づいていても「自分には無理」と思いこんでいる。

コツさえわかれば、紹介ほど簡単なことはないのですが……。

商談で刺激するポイントは「おいしいレストラン」

もともと生命保険業界は紹介を重視する風潮があります。

社内の研修では必ずといっていいほど「紹介をもらいましょう」というアドバイスがあるし、各営業所でトップを張るような営業マンは、件数に差はあれども例外なく紹介をもらっています。

にもかかわらず、大部分の営業マンは紹介に消極的です。「紹介は難しい」と思いこんでいるからです。

でも考えてみてください。

あなたがおいしいレストランを見つけたら、友達に紹介したくなりませんか？

テレビや雑誌で魅力的な健康法やダイエット法に出合ったら、家族にも教えてあげようと思うのではないでしょうか？

じつは、保険を人に紹介するのもそれと同じことなのです。

人は誰しも「自分が知っていることを教えてあげたい」「相手を喜ばせてあげたい」という奉仕の精神をもっています。その気持ちに沿うように商談を進めていけば、ごく自然と紹介は生まれるのです。

そのためのノウハウは本書で追ってご説明していきます。ここではひとまず「紹介は簡単だ！」ということを心にとめておいてほしいと思います。

「離婚する」と言われても転職した、泥臭い理由

少し、昔話をさせてください。

私が四十代半ばにして職を捨て、ソニー生命への転職を決めた背景には、やむにやまれぬ事情がありました。

非常に泥臭い話ですが正直に申し上げるならば、四人の子どもを育てるために、お金が必要だったのです。

私は三六歳のときに住宅ローンを組んでマイホームを購入しました。当時の年収からすると随分と背伸びをしましたが、四人の子どもを抱えながらでも、ぜいたくを望まなければ十分に返済できると思っていました。

ところが四二歳のとき、驚きの事実が発覚します。私の気づかぬところで一一〇〇万円もの借金が発生していたのです。住宅ローン滞納の督促状が届いたことで、私は初めてその事実を知りました。

驚いたのもつかの間で、その事実を知った日から苦難の日々がはじまりました。どうしてもお金の工面ができず、ついには消費者金融にまで手を出し、不安と恐怖におそわれ、気づけば一瞬たりとも心休まることのない毎日。

その後、弁護士さんの助言もあり借金は何とか乗り切ったのですが、悪いことは続きます。ゼネコン不況のあおりをうけて私の年収は二〇％近くまで減り続け、とうとう人生計画を一から考え直さなければならなくなったのです。

住宅ローンや借金騒動で貯金はゼロ、しかも妻は数年前に乳ガンを患っており、とてもパートで家計を助けられるような健康状態ではありません。子どもたちは奨学金で大学にやれたとしても、住宅ローンは、自分たちの老後はどうなるか――。

現在の延長線上に、明るい未来を描くことはできませんでした。

町内の自治会でたまたま知り合った、ソニー生命の某エリアで所長をしているNさんから「うちに転職しないか」と声をかけてもらったのはそんなときのことです。

ただ、私は即座にお断りしました。

本当に自信がなかったからです。高収入を得られる可能性のある業界とはいえ、経験も知識もない技術屋の自分には、保険営業なんてとても務まらないと思いました。

それでもNさんは「自治会での仕切りぶりをみるかぎり、あなたには適性がある」と熱心に誘ってくれる。熱意にほだされた私は、「じゃあお話だけ聴かせてもらいます」と言って、あらためてNさんと会談することにしました。

Nさんは私に、保険営業の理念を熱く語りました。

いわく、オーダーメイドで販売する。

いわく、お客様にとって本当に役立つ知識を提供する。

いわく、コンサルティング型の保険営業を日本に根づかせることで、自社だけではなく生命保険業界全体をよくしていこうと考えている。

――考え方はたしかにすばらしいけれど、そんなのはどうせ絵空ごとだろうというのが当初の感想でした。けれどもNさんの熱心な語り口を聴くうちに次第に心は動き、「本当にそんな会社があるのなら働いてみたい！」と思うようになったのです。

決め手はNさんのこの言葉でした。

「会社を動かしていくための歯車になるビジネスマンはたくさんいます。だけどライフプランナー（営業マン）はそうじゃない。会社のためではなく、自分や家族、そしてお客様を幸せにするために歯車をまわすんです。保険という商品をとおしてお客様の幸せに貢献し、結果として得られる報酬で自分や家族も幸せになるんです」

文字にすれば、きれいごとに聞こえるかもしれません。

それでも私はNさんの口調に本気を感じました。ただの大風呂敷《おおぶろしき》ではなく、彼らは真摯《しんし》な気持ちでその理想を追いかけているのだということが、ひしひしと伝わってきました。

こうしてソニー生命への転職を決意した私は、しかし周囲からの猛反対を受けます。ハザマの上司には「お前は営業には向いていない」と断言され、友人からは保険営業の難しさを延々と説かれ、妻には「転職するなら離婚するっ！」とまで言われました。

それでも私が転職に踏み切ったのは、ひとつには収入を上げたかったからであり、

それ以上に、営業は他人も自分も幸せにするというNさんの言葉に背中を押してもらったからです。上司も妻も最後には私の熱意に根負けし、しぶしぶながら転職に同意してくれました。

かくして経験も自信もまったくない私の営業人生は幕を開けました。

新人賞獲得の転機となった黒部ダムの「六〇%」の話

「自分の力で家族とお客様を幸せにする！」という理想を胸に、洋々たる思いで営業マンとしての第一歩を踏み出した私ですが、その道は想像以上に険しいものでした。

前述のとおり、生保業界の新人営業マンはまずエックスマーケット、すなわち自分の知り合いを訪ねてまわります。赤の他人に比べれば成功率が高いのは当たり前で、エックスマーケットが潤沢に残されている分、一年目の成績はそれなりに安定するといわれています。

ところが私はここで早速つまずいてしまった。

最大のエックスマーケットである元職場、ハザマの知り合いでさえ契約率はたったの三〇％――。

かつての同僚が私に向ける視線は冷たく、電話をかければ居留守をつかわれ、きわめつけは「彼なら絶対に入ってくれるはず！」と確信をもっていた仲のいい後輩に「なんであなたに保険を世話してもらわなアカンのですか」とアッサリ電話を切られてしまったのです。

この現実は私を打ちのめしました。

契約率三〇％ということは、七〇％の人から断られているということだ。

元同僚の七〇％は、私をうとましく思っているのだ。

そう考えると、恐怖のあまり電話をかけることさえできなくなってしまいました。

契約をとらねばという焦りと、断られることへの恐怖――その板ばさみになって身動きがとれなくなっていた私に、ふたたび勇気をくれたのはハザマの元上司でした。

彼は私に富山県の黒部ダム建設にまつわる話をしてくれました。

一九五六年、関西地区の深刻な電力不足を解消すべく、関西電力（関電）は資本金の五倍にもおよぶ莫大《ばくだい》な費用を投じて黒部ダムの建設に着工しました。

しかし当時の日本の技術力では、急峻《きゅうしゅん》な黒部渓谷にダムをつくるのは容易なことではなく、**工事の成功確率は甘く見積もっても六〇％程度。社運を賭《か》けた一世一代のプロジェクトは、かくもリスクの高いものだったのです。**

「もしも関電がこの工事に失敗していたら、数百億円という損失を出して会社はつぶれていたかもしれない。そんな、とてつもないリスクをおかしてでも関電は六〇％の成功に賭けたんだ。それに比べたら君の営業なんて、たとえ失敗しても少しばかりプライドが傷つくだけじゃないか。七〇％の人に断られたからなんだっていうんだ。君はむしろ支援者が三〇％もいることに目を向けるべきじゃないのか――」

彼の言葉で目が覚めました。

「七〇％も断られてしまう」のではなく、「三〇％もの人が私を認めてくれる」と考えるようになったことで、営業への恐怖感はうそのように消えていきました。

そして私はこの日を境に昼も夜もなく仕事に励むようになり、結果的にその年の新人賞を獲得することができたのです。

しかし口下手で強みのない私が単に「仕事量」で勝負していたら、快進撃はそこで終わっていたことでしょう。私が本当の意味でトップ営業マンの仲間入りを果たすのは、「紹介」中心の営業スタイルを確立させた二年目以降のことになります。

トップに立つ営業マンは圧倒的に「新規」が強い

ライフプランナーと呼ばれるソニー生命の営業マンの報酬は、フルコミッション制。すなわち歩合制で、営業実績がそのまま個人の報酬に直結します。

おまけに交通費や通信費などの経費は自己負担。コミッション（歩合）は新規契約だけではなく契約継続によっても発生しますが、**トップクラスの営業マンになるためには新規契約をいただき続けなければなりません。**

ただし、そんな厳しい世界だからこそ成功者が得る報酬は別格です。

各営業所のトップ営業マンともなれば数千万円といった年収を稼ぐ猛者もいます。

当然ながら、彼らの収入の大部分は新規契約によってもたらされています。「新規を獲得する人間が成功する」というのは、保険業界のみならず、歩合制の営業マン全般にあてはまることでしょう。

では、彼らはどうやってコンスタントに新規契約をとっているのか？

新しい顧客を探す方法はいろいろあります。

たとえば生保業界で多いのは、ライオンズクラブやロータリークラブといった比較的裕福な人が集まる会に入り、仲良くなった人を勧誘するという方法です。

とはいえ、こういう場でいきなり保険の話をもち出すわけではありません。それ目当てで入会してきたと思われたら間違いなく嫌われますから、何年もかけて根気強く人間関係を築いていく必要がある。時間と労力を考えれば、あまり割のいいやり方とはいえません。

ある程度の経験を積んだ営業マンなら、顧客サービスを兼ねてセミナーを開催し、

集まった人に商品をおすすめするという手もあります。しかし、これとて手間に見合う成果を得られるものではありません。私も年数回ほど保険セミナーを開催していますが、これは地域の方々に保険の仕組みを説明する場と割り切っています。

そう考えると、新規顧客を開拓するには「紹介」に勝る方法はありません。

実際に、私の知るトップ営業マンは全員が紹介を重視しています。それがいちばん確実で効率のいい方法だからです。

もちろん私自身も例外ではありません。

割合でいうなら、新規契約の六割はお客様からの紹介によるものであり、二割が既存の契約者の追加契約、一割が会社に問い合わせがあったお客様からのご契約、残り一割がその他（セミナー参加者など）となっています。

「保険に加入できないお客様」のもとにこそ「行くべき」である

私は少しでも紹介につながる可能性があれば、保険にご加入できないお客様のところへも喜んで馳《は》せ参じます。

保険にご加入できない相手というのは、たとえばガンの方です。ガンと診断された方は、一般的には保険に入ることができません。

先日もあるお客様に紹介を依頼したところ、「紹介してあげたい人はいるんだけどね、その人ガンなのよ。ガンだと保険に入れないでしょ。それでも山本さん大丈夫？」という答えが返ってきました。

私は「行かせてもらいます！」と即答しました。**ご本人は保険に入ることができなくとも、ライフプランナーとしてお客様のお役に立てることが必ずあります。**

じつはガンで保険に入れない方ほど、保険の知識を必要としていることが多いのです。

たとえばガンが完治した場合です。その場合、どうしたら保険に入れるのか、どの部位のガンでも同じなのか、年齢制限や例外的な規定はないのか、保険料はどうなるのか、いま入っている保険をどう活用すればいいのかなど、知りたいことはいっぱいある。でもふつうの保険営業マンは、ガンの方のところへ足を向けることがほとんどないので、誰にも相談できずに困っているのです。

そんな方に保険のことを丁寧に教えて差し上げると、とても喜ばれます。

その結果、「私は加入できないのに、わざわざ来てくれてありがとう」という気持ちの数だけ紹介をいただくことができます。

紹介という視点から考えると、保険にご加入できないお客様のほうがたくさん紹介してくださることさえあるのです。

あるいは「親が生命保険会社に勤めている」というのも、可能性はゼロではないけれど、極めてご加入の可能性が低いお客様といえます。

そんな方でも、私にとっては大切なお客様です。親族は無理でも、友人や同僚を紹介していただける可能性があるからです。親が勤めている生保会社の保険を知り合いにすすめるのはなんとなく気が引けるけど、**自分と利害関係のない保険なら紹介してもいい、と考える人は少なくありません。**

さらに長期的な視点に立てば、保険会社にお勤めの親御さんもいずれは定年退職します。ライフステージが変わったことで、さあ保険を見直そうかとなったとき、「そういえば山本という営業マンが熱心に話をしていったな」と思い出して連絡をくれる可能性もある。

その種をまくためにも、営業マンは行き先を選んではいけないのです。

五〇〇〇円の交通費が生んだ「非効率の効率」

一見すると非効率とも思える行動が、結果として大きな成長や成功をもたらすことは少なくありません。私は転職から数か月目のある日、そんな**「非効率の効率」**を、身をもって体験しました。

Tさんというそのお客様は、私の前職であるハザマの先輩でした。
お住まいは兵庫県の淡路島で、高速道路代だけで五〇〇〇円も経費がかかるうえ、往復するだけで一日かかってしまいます。

「これでご契約に至らなかったら大赤字だなあ……」

正直、そんな思いも頭をよぎりましたが、当時テレアポで断られまくっていた私はほかに行くあてもなく、ブラブラしているくらいなら、という程度の気持ちで淡路島まで足を運ぶことにしました。

この決断が、私の営業人生を大きく変えることになるとは思ってもいませんでした。

Tさんは、私が二時間ほど熱心に話をすると、「わかりました」と気持ちよく保険の申しこみをしてくれました。当時の私はまだ紹介をもらうことなど頭にありませんでしたから、その場で契約の手続きをすませて社に戻りました。

Tさんの同僚から電話があったのは、その翌日のことです。

なんとTさんがその日の朝、脳梗塞《こうそく》で倒れて入院したというのです。

「それで山本さんはきのうTさんに会ったそうだけど、保険はちゃんと入れたの？」

私が「大丈夫です、告知はしているし、第一回目の保険料も現金でいただいたから保障は開始しています」と答えると、その方は心底ほっとした様子で「よかった」と言って電話を切りました。


――あわてたのは私のほうです。

当時の私はまだ入社から日が浅く、給付金の支払いについてはほとんど経験がありませんでした。まして契約の翌日に脳梗塞で倒れるなどというのは初めてのことで、電話では「大丈夫です！」と太鼓判を押したものの、本当に給付金が出るのかと心配になり、マネジャーに何度も確認を入れました。

気がかりはもうひとつありました。

私がしたことは会社への背任行為に近いのではないかと思ったのです。

お金のことだけを考えるなら、契約直後に病気をされて給付金を支払うのは会社にとって損失でしかありません。しかもその契約をとってきたのは、会社への貢献実績など何もない新人の営業マンです。私は絶妙のタイミングでお客様の役に立てたことを喜ぶと同時に、会社から嫌みのひとつでも言われるのではないかとビクビクしていました。

それが杞憂《きゆう》にすぎないことは、すぐにわかりました。

上司は「いい仕事をしたな」と励ましてくれたし、給付金も全額支払われました。

そしてTさんも四か月の入院とリハビリに励み、後遺症は残ったものの無事に退院され、いまでもご連絡を差し上げるたびに「あのときは本当にありがとう」と言ってくださいます。


とんでもない！

Tさんに感謝しなければならないのは私のほうです。

私はこの経験のおかげで、ライフプランナーという仕事を心から誇りに思えるようになりました。自分の仕事がお客様の役に立つことを実感できたからこそ、臆《おく》せず営業に臨み、堂々と紹介をお願いできるようになったのですから。会社を本当に信頼できるようになったのも、この〝事件〟があってからのことです。

いまの私があるのはTさんのおかげといっても過言ではありません。

もしも私が「非効率」だからと、五〇〇〇円の高速道路代や手間を惜しんでTさんを敬遠していたとしたら、その後の営業人生はずいぶん変わっていたのではないかと思います。

「お願い」は二度目も三度目も遠慮してはいけない

つい先日、私は生命保険ファイナンシャルアドバイザー協会で講演をおこないました。

そのとき集まった五〇名ほどの営業マンに「このなかで契約をいただいたお客様に毎回、紹介を依頼している方はいますか?」と聴いたところ、挙手したのはわずか五～六名でした。

続けて、手が挙がらなかった何名かに「なぜ紹介を頼まないのですか?」と尋ねると、彼らは口をそろえて「紹介が出そうにないと思ったから」と答えました。

紹介が出そうにないから頼まない――なんとも情けない話です。

便宜上、本書では「紹介をもらう」という書き方をしていますが、厳密にいえば紹介はただ「もらう」のではなく「働きかける」ことで得られるものです。こちらから働きかけなければ「紹介が出そうにない」のは当たり前で、そこを上手に紹介につなげていくのが営業の仕事というものではないでしょうか。

ところが困ったことに、「紹介が出そうにない」という思いこみは、新人だけではなくベテラン営業マンにもしばしば見受けられます。それなりに紹介をもらっている人でも、「さすがにこのケースは無理だろう」と、最初からあきらめてしまうことがあるのです。

それは、たとえば追加契約の場面です。

すでに契約をいただいているお客様から「子どもが産まれたから学資保険に入りたい」「もう少し解約返戻金《へんれいきん》が多い保険を追加したい」と連絡があったとします。この方からは、最初の契約時にご友人を何人も紹介してもらっています。

このケースであなたは紹介を頼めますか？

ふだんは紹介依頼に抵抗がない人でも、「同じ人から二度も紹介を引き出すのは難しいだろう」「前回たくさん紹介してもらったから、もう候補者は残っていないだろう」などと思い、躊躇《ちゅうちょ》するのではないでしょうか。

でも、そんなことを気にする必要はありません。

二度目だろうが三度目だろうが、臆せず紹介をもらいにいっていいのです。

なぜなら保険を追加契約するということは、お客様の生活状況が変わったということだからです。生活が変われば人間関係も変わります。**子どもが産まれたらママ友が、転職すれば新しい同僚ができるのだから、そうした新しい友人、知人を紹介してもら**

えばいい。すでに紹介実績がある方なら、紹介への不安や抵抗感もないので、ほかのお客様よりも紹介をいただける確率はむしろ高いはずです。

当然アンケートにも答えてもらいます。

私は追加契約だろうがなんだろうが毎回アンケートと紹介をお願いしていますが、それでいやな顔をされたことは一度もありません。

あるいは、こういう場面も考えられます。

初回の契約時には「紹介できる人はいません」ときっぱり断られたお客様から、追加で保険に入りたいという連絡があった。この方にもう一度紹介をお願いしていいものかどうか、判断に迷う営業マンは多いと思います。

もちろんお願いしていいのです。いや、むしろ積極的にお願いすべきです。

お客様はもしかしたら、最初の契約時には「本当にこの保険でいいのかな」「この営業マンは信用できるのかしら」と半信半疑だったのかもしれません。だから紹介が出なかった。

でも、契約後のアフターフォローなどで徐々に商品や営業マンに対する信頼感が高

まり、だからこそいま、わざわざ追加契約の連絡をくれた。だとすれば、紹介をもらえる可能性は初回よりもぐっと高まっているはずです。

他業界の方は、追加契約者イコール「リピーター」と考えていただくとわかりやすいと思います。

星の数ほどある会社（お店）のなかから二度、三度と足を運んでくださるお客様がいるなら、その方は高確率で紹介者となります。「前回もお願いしたから」とか「前回は断られたから」と理由をつけてあきらめず、果敢に行動していきましょう。

誰もがつまずく「四件の限界」の越え方

営業活動において「紹介」は最強のスタイルであることをくり返しお伝えしてきました。また、紹介はノウハウさえわかっていれば「働きかける」ことで得られるものだと、少なからずご理解いただけたのではないでしょうか。

紹介さえあれば、月四件の新規契約はまったく難しくありません。

月四件というのは、入社一年目の新人がお客様からいただく新規契約の平均値です。この壁を乗り越えることができれば営業人生は軌道に乗ると、私は思っています。いつまでも壁の手前で右往左往しているようなら仕事のスタイルを見直さなければなりません。

さて、肝心の紹介をいただくノウハウですが、すでに述べたように必要なものはたった一枚のアンケートです。**ただし、ただのアンケートではなく、手軽に最大の効果が出るように改良を重ねた「魔法のアンケート」です。**

この〝山本流〟のアンケートでお客様にたずねる内容は、大きく二つ。

「私の商談のどこがよかったか」

「誰を紹介してくれるのか」

このふたつです。どうしてこんな簡単なアンケートで紹介がもらえるのか、そのメカニズムや効果的な使い方などは後述するとして、ここでは「私の商談のどこがよかったか」という設問にご注目ください。じつはここに、紹介をもらうだけではない、アンケートの非常に大きなメリットがあります。

どうしてわざわざこんなことを聴くのか？

それは、営業マンの「自己肯定感」を高めるためです。

自己肯定感とは心理学ではよく使われる言葉で、ひと言でいえば「自分に対する自信（肯定感）」のことを指します。現在では心理学にかぎらず、教育の分野などさまざまな分野で、肯定感をもつことがいかに重要か、たびたび指摘されています。

営業マンにとって、お客様から「あなたのここがすばらしかったよ」と具体的に言っていただくことほどうれしいことはありません。でも、ふつうに商談をするだけでは、なかなかその言葉をいただくことができない。**だからアンケートで半強制的にほめてもらうのです。**

自分にはこんな長所がある！
自分がおすすめした商品でお客様が喜んでいる！

自分はお客様に好かれている！

その実感こそが、「新規の壁」を超える原動力にもなります――。

そうすれば紹介を要求することへの恐怖心や気まずさなどたちどころに吹き飛び、自信満々で営業ができるようになるでしょう。山本流「魔法のアンケート」は直接的に紹介をもらうだけでなく、自分の成長を促すことでも紹介をいただくという、大きな「おまけ」までついてくるのです。

アンケートを「自己分析ツール」にすれば、トップ営業マンになる

前段で述べたように、〝山本流〟アンケートは紹介をもらうためのツールであると同時に、営業マンの自己肯定感を高める秘密兵器でもあります。

ただし、お客様にほめられて喜んでいるだけではいけません。それだけではアンケ

ートによって得られる成長が、半分しか得られないからです。**あなたがトップ営業マンとなるためには、このアンケートを「自己分析ツール」としても活用することで、より大きな自己成長、そして「紹介」につなげていく必要があります。**

もしあなたがこれまでに一件でも契約をいただいたことがあるならば、お客様はあなたの人柄なり商品なり、なにかしら気に入ったところがあったという証《あかし》です。ということは、その**「気に入ってもらえたところ」を武器に営業を展開すれば、同じように契約してくれる方は必ずいます。**だからあなたはアンケートで「どこがよかったのか」を確認し、そこを伸ばしていくべきなのです。

それだけでも営業成績は間違いなくアップしますが、より望ましいのは、あなたの強みを最大限に発揮できるお客様を紹介してもらうことです。

たとえば「保険の説明がわかりやすかった」と言ってもらえたなら、「保険のことがよくわからなくて困っている方はいませんか」と聴いてみる。「熱心で好感がもてた」という方には、「紹介先でも一生懸命やりますから、共感してくれそうな方を紹介してください」と頼んでみる。「保険以外の話がおもしろかった」と言われたら、

「こういう話に興味をもちそうな方はいませんか」とおたずねする。**強みを活かせるお客様を紹介してもらうのだから、契約率はさらに高まります。**

アンケートを通して学ぶことはたくさんあります。

一件の契約、一枚のアンケートをきっかけにめきめき成績が上がっていく――。

それが決して夢物語でないことは、〝山本流〟アンケートを試していただければすぐに実感できることでしょう。なにも強みを見つけられなかった私でさえ、見つけることができたのですから。

「紹介まで要求するのは申しわけない」こそ失礼な行為と心得よ

じつは、「どこがよかったか」をたずねるアンケート項目には、もうひとつ重要な意味があります。**商談の最後にこれを聴くことで、お客様の満足度が格段に高まり、**

紹介がもらいやすくなるのです。

たとえばあなたが洋服を買ったとして、誰かから「いい買い物をしましたね」と言われたら気分がいいですよね。なぜかといえば、**その洋服を買うという自分の判断は正しかったのだと実感できるからです。**

〝山本流〟のアンケートは、それと同じ効果をもたらします。

お客様はアンケートで「商談のよかったところ」を振り返り、自筆でそれを書くことで、「この商品を買ってよかった」「この人から契約してよかった」と自分を肯定することができ、満足感をおぼえます。

商品や営業マンに対する満足を実感できれば、「このことを誰かにしゃべりたい」「あの人にも教えてあげたい」という気持ちになるのはごく自然なこと。お客様は安心して、そのあとに続く紹介欄に親戚や友人の名前を書きこんでくれます。

しかも私は紹介先にいきなり連絡することはなく、まずはお客様から紹介先へ一報を入れてもらいます。ここでもお客様は、自分がすてきな商品を買ったことを話す機会をもつため、ますます満足感を強めていきます。

だから、「アンケートや紹介を要求するのは申しわけない」と遠慮する必要はまったくありません。アンケートで「よかったこと」を再確認し、親しい人にそれを教えてあげるのは、お客様の欲求を満たすことでもあるからです。

即決で契約を結ぶ人はまだまだ半人前

積極的に紹介してもらいにいっているのに、なぜか成果に結びつかない――。

そんな営業マンには、やはり共通の傾向があります。

お客様と初めて会ったその日のうちに、即決で契約を結んでしまうのです。

「即決で契約がとれるなんてスゴイじゃないか！」

そう思ったあなたは、まだまだ紹介のなんたるかがわかっていません。

お客様が営業マンに親戚や友人を紹介してくれるのは「この人からこの商品を買っ

てよかった」と思うからです。この満足感、信頼感がなければ、決して紹介をいただけることはありません。

ライフプランにあった商品や営業マンの良さをお客様にわかってもらうには、一回の商談では不十分であり、少なくとも三回以上は面会を重ねるべきだと思っています。

私も最初のころはこの道理がわからず、紹介を引き出せないまま契約だけで終わってしまうことが何度もありました。

なかには「もう一度会うのは面倒だから、今日契約してほしい」というお客様も少なからずおられます。そんな相手に「いや、契約は次回以降で……」と言うのはたしかに勇気がいります。契約を次に持ち越せば、お客様の気が変わってしまうのではないかという不安があるからです。

しかし目先の契約を焦っていては、紹介のプロになることはできません。

「いますぐ契約したい」と言われたとしても、少なくとも一度は次のように切り返してください。

「申しわけありませんがお客様、たった一度きりのご案内では保険のことを本当の意味でご理解いただけていない可能性もあります。私としては、お客様に一〇〇%ご納得いただいたうえでご契約いただきたいと思っています。ですから疑問点などがないかどうか、一呼吸おいて考えていただくためにも、契約は次回ということにしていただけないでしょうか」

このようにお願いすれば、たいていのお客様は了承してくれます。

しかも「この人は本当にお客のことを考えているんだな」と営業マンへの評価、好感度、信頼感も高まるため、紹介をいただける確率はいっそうアップします。あとから電話で「やっぱり契約はやめておきます」と断られることもまずありません。

さらにいえば、三回以上の商談をへて心の底から納得して契約してくださったお客様とは、間違いなく長期のおつきあいができます。契約を結んだのはいいけれど、すぐに解約されてしまったというような事態は起こりません。

お客様としっかり信頼関係を築いておくことがことのほか重要なのです。

商談はどんなに盛り上がっても「二時間まで」がいい

「お客様のところへ何度も通わなくても、長時間じっくり商談すればいいのでは」と思う方もいるかもしれませんが、それはむしろマイナスの結果となります。

お客様が商談に集中できる時間は二時間が限度です。それ以上長々と話をしたとしても、お客様の理解度や満足度が上がることはありません。しかも長すぎる商談のあとではお客様もグッタリ疲れて、紹介を頼まれても面倒になってしまいます。

だから一回の商談は必ず二時間で終わらせること！

お客様がまだ聴き足りない、話し足りない様子でも、「では続きは次回に」と言って切り上げるのです。**お客様に次回の商談を心待ちにしてもらうためにも、少し気をもたせるくらいがちょうどいいと心得ましょう。**

なお最後の商談日、つまり正式に契約をいただく日は、書類の記入などで三〇分、アンケートおよび紹介依頼で少なくとも一〇分はかかるため、商談は一時間半ほどで終えるように気をつけてください。

これまでお伝えしたことは、いままでの営業の常識と異なるかもしれません。

しかし、決して「非常識」ではありません。

契約を重視したやり方から、「紹介」を重視したやり方に変えるということは、当然これまでとは違う営業方法をする必要があります。目標地点が変われば、そこまでの道のりも変わります。

信じられないようなことも、当たり前になります。新しいルールやノウハウを「素直」に受け入れた人が成功し、奇跡を起こせる世界です。

これまでの常識をぜひ壊してほしいと思います。

それこそが、トップ営業マンにとっての「常識」なのです。

2

第２章

うまく話せない人ほど紹介は生まれる

「人間力が紹介を生む」はまったくの誤解

近年、巷では「人間力」という言葉があふれ返っています。

研修に参加すれば「営業力とは人間力だ」「人間力を高めれば成績は上がる」などと言われるし、保険業界でも「人間力があれば紹介はとれるっ！」と豪語する人はたくさんいます。

困った風潮というほかありません。

この考えでいくと、紹介をもらえないのは人間力が低いからだということになってしまう。そう言われたら、紹介をもらえないのは人格を全否定されたようで落ちこむほかないし、そもそも「人間力とはなんぞや」という問題だってあります。

あるセミナーでは、人間力とは、他人が見ていないところでも正しいおこないをすることだと説明していました。たとえば会社のトイレで手を洗ったとき、水がはねて洗面台がビチョビチョになったら、誰が見ていなくても自分のハンカチできれいにふきとってから立ち去るのが、人間力を高めることにつながるというのです。

それはそれで、高潔ですばらしい生き方だと思います。**でも洗面所をきれいにしたら営業成績が上がるのか、紹介がとれるのかといったら、そんなことはありません。だいいち、お客様がどんな営業マンに好感をもつかは、お客様によって違います。**聖人君子のような営業マンに出会ったからといって、「この人を友達に紹介したい」と思うとはかぎりません。むしろご立派すぎてとっつきにくいと思う人もいるでしょう。

それに実際のところ、営業マンの人間力などお客様には測りようがないのです。恥ずかしながら私自身も、会社の机はいつも散らかっているし、家族に言わせればいいかげんでだらしないところもありますが、そんな〝素〟の自分を引っ提《さ》げて営業に出かけることなどありません。外出用の営業カバンの中はきちんと整理しているし、お客様の前ではもちろん粗相なく、折り目正しくふるまいますから、お客様から見れば「きちんとした人」ということになっています。

人間力を磨くのは悪いことではないし、間接的には営業に役立つこともあるでしょうが、だからといって契約や紹介に「直結」するわけではないのです。

では、紹介をもらうためには何が必要なのか――?

それは「ノウハウ」です。紹介をいただけるかどうかは、紹介のもらい方を知っているかどうかで決まります。

高確率で紹介をもらう営業マンはみんな、それぞれのノウハウをもっていることでしょう。しかし、それらは「その人にしかできないやり方」や「その業界でしか通用しない方法」であることがほとんどです。

その点、アンケートを軸にした〝山本流〟のノウハウは違います。簡単で効率がよく、どの業界のどんな営業マンでもすぐにマネしていただけます。

しかも〝山本流〟の紹介ノウハウは、話し下手な人こそ成功するようにできている。うまく話せずに悩んでいる人ほど、劇的に成績が伸びるのです。

なぜなら私自身、営業をはじめた一〇年前は、上司にあきれ返られるほどトークが下手だったからです。そんな私が試行錯誤を重ねて生み出したノウハウだからこそ、うまく話せない人ほどしっくりくるのです。

うまく話せないことの何が「強み」になるのか、これから具体的にお伝えいたしましょう。

話し下手だという自覚がある方はもちろん、自分では話し上手だと思っているのに成績が伸び悩んでいる人にも参考になることは多いはずです。

テレアポもロープレも下手くそだった「四四歳の新人」時代

私が四四歳にして現場監督から営業マンへの転身を決意したとき、職場の上司から家族まで、周囲の人はこぞって「営業には向いていない」「できるわけがない」と反対しました。私が典型的な〝技術畑の人〟だったからです。

それでも、私はひそかに自信をもっていました。

現場監督として工事に携わる職人さんたちの前で話をする機会はあったし、労働組合の支部委員長をまかされて会社の上層部と交渉した経験もあったので、お客様とも問題なく良好なコミュニケーションがとれると考えていたのです。

ところが悲しいかな、周囲の忠告は正しかった――。

ダイナマイトやコンクリートなど、学生時代から興味をもって勉強してきた分野のことならしゃべることができたのに、営業はまったくの別ものでした。知識のあるなし以前に、お客様の前に出ると緊張してしまい言葉が出ないのです。

新人研修の段階から、私の「話し方」への評価は散々でした。

テレアポの練習では「自分がしゃべりたいことばかりしゃべっている」「棒読みで気持ちが伝わらない」とこきおろされる。ライフプランナー同士でおこなうロールプレイング（ロープレ）では、同期の若い営業マンが流ちょうに商品説明をするのに対して、私は口の中でもごもご言うばかりでいっこうに要領をえない。新人営業マンが参加する社内のロープレコンテストも当然のごとく予選落ちでした。

それでも最初のうちはまだよかった。

知り合い相手のエックスマーケットに営業するぶんには、トークはさほど重要ではなかったからです。商品説明が多少心もとなかったとしても、昔からの知り合いなら「こういうことでしょ」と助け船を出してくれたり、「がんばってるね」と大目に見てくれたりするので、成績はそれなりについてきました。

でも、当然ながらそれでは通用しないお客様もいらっしゃいます。とくにテレアポは商談とは違い笑ってごまかすこともできないので、こちらがまごまごしているうちに電話を切られてしまうことが何度も続きました。

「正直」と「たったひとつ」を組み合わせれば、テレアポは成功する

このように新人時代はとにかくトークが下手で、知り合いにアポイントをとるだけでも四苦八苦していた私ですが、いまでは紹介先へ電話をかければ、初対面でもほとんどの方に会ってもらえるようになりました。

ただしそれは、私の話し方がうまくなったからではありません。多少は上達したかもしれませんが、本質的には私はいまでも話し下手な人間だと思っています。

でも、それでいいのです。

私は話し下手だからこそ、この世界で成功できたのですから……。

かつての私は「話し方」にコンプレックスを抱くあまり、マニュアルを必死で暗記して、どうにか体裁をつくろっているようなところがありました。「商品説明はこうあるべきだ」「テレアポではこれを言わなければならない」という思いこみが強く、その理想とのギャップに悩んでばかりいました。

でもあるとき、はたと気がつきました。

もしかして、うまく話せなくてもいいんじゃないか――?

きっかけはハザマの元同僚へのテレアポでした。

すでに別の保険に入っている人とお会いする場合、新人営業マンはまずお客様の「保険証券」を見せてもらうようにしています。お客様が入っている保険の状況を確認するとともに、他社の保険について勉強するためです。

その際には、「○○さんがいま入られている保障の見直しをさせていただきたいので、保険証券をご用意のうえお会いできませんか」とアポをとるのがいいと、私は先輩から教わっていました。

ところがこの方法ではいくらやっても失敗ばかり。ときには「なんでそんな大事なもんをアンタに見せなきゃいけないのっ！」と叱咤《しった》されることさえありました。

そんなことが続き、やけになった私は、あるとき先輩の〝お手本〟を無視して本音でぶつかってみました。

「〇〇さん、じつは私、いま保険営業をやっていまして、いろんな保険について勉強しているんです。それで、できれば〇〇さんにも協力してほしいんです。保険証券を見せてもらえたら、私にとってすごく勉強になりますし、保障の見直しで少しはお役に立てるかもしれませんので……」

そうしたら、あっさりとOKが出た。それも一人だけではなく、二人、三人と連続でアポイントをとることができたのです。

私はこの経験からいくつかのことを学びました。

ひとつは、自分の想いは「正直」に伝える――その大切さです。先の場面でいえば「なぜ保険証券が必要なのか」という自分の想いを正直に話したからこそ、お客様はなるほどと納得してくれたのです。詳細は後述しますが、こうやって自分の想いを伝えることは、テレアポだけではなく、紹介依頼の際にも絶大な効果を発揮します。

もうひとつは、想いを伝えるのに「うまく話す」必要はないということです。むしろあまりにも流ちょうにしゃべると、本心からの想いであっても「営業トークなのでは？」と誤解され、お客様の不信や警戒心をあおってしまいます。その意味では、うまく話せないほうがむしろ自分の想いを伝えやすいのです。

テレアポにかぎっていえば、「余計なことを言わない」ことも肝心です。

駆け出しのころの私は、一度の電話でいろいろなことを聴きすぎました。いまどんな保険に入っているか、保険証券を見せてもらうことはできるか、ソニー生命ではこれこれこういう保険を扱っているが興味はあるか、会うなら何月何日がいいか――。

弁舌すぐれた営業マンなら、それらの用件を一度に片づけることも可能かもしれません。でも私には無理だった。**だから私はテレアポでは「いちばん断られにくそうなことを、ひとつだけお願いする」ことに決めました。**

保険証券を見せてもらいたいなら、その約束だけをとりつける。
まずは会いたいなら、アポとりに集中する。
以来、私のテレアポ成功率は格段にアップしました。うまく話せなくて悩んでいたからこそ生まれた「苦肉の策」が功を奏したのです。

商品トークはまず「中学生」に聞いてもらいなさい

どうしようもなく下手くそだった私のトークで、ひとつだけ上達したと自負しているのが「商品説明」です。いまの私は商談後にお客様から「商品説明がわかりやすかった」とほめられることも多々あります。

じつは、これは妻や子どもたちのおかげです。

元来が口下手な私は、弁舌なめらかに商品説明をすることはできません。うまく話そうとすればするほど言葉に詰まってしまいます。**その弱点を補うために、私は専門**

用語を徹底的に排して説明をする練習を積みました。

その練習相手になってくれたのが、妻や当時一三歳の長女でした。

妻はともかく、中学にあがったばかりの娘は生命保険の仕組みなどなにひとつ知りません。その娘を相手に、私は定期保険、養老保険、終身保険の違いを説明しました。解約返戻金《へんれいきん》だとか満期だとか、少しでも非日常的な言葉が出ると「わかんない」と言われてしまうので、そのたびに反省して言葉を選び直しました。

こうして完成したのが、いま私が使っている商品説明トークです。あいかわらず流ちょうとはいえない話し方ではありますが、初めて保険に入る若い方から、ややこしい数字の話は苦手だというご年配のお客様まで、みんな「よくわかった！」と言ってくれます。

家族相手に商品説明のシミュレーションをおこなうというのは、保険業界では比較的よく知られている練習方法だと思います。近くに家族がいなければ、他業界の友人でもかまいません。ソニー生命の新人研修でも、ぜひ試してみるようにと教育担当者に推奨されました。

ところがそれを愚直に実行している人は、やはり私の知るかぎりほとんどいません。そんなことをしなくても自分は大丈夫だという驕《おご》りや気恥ずかしさもあるのでしょう。

私がすすめられるままに練習してみようと思ったのは、素直な性格だからというのもありますが、最大の理由は自分のトークに自信がなかったからです。弁が立たないからこそ、わかりやすさでその欠点をカバーしようと考えたのです。

これは大正解でした。

保険にかぎらず金融や住宅、医薬品、機械類など専門性の高い商品ならなんでもそうでしょうが、商品説明で大切なのはトークの美しさよりもわかりやすさだからです。

わかりやすさというのは、「本当になにもわかっていない人」に指摘されないと磨くことはできません。

うまく話せないと悩んでいる方はもちろん、話術に自信のある方もぜひ、家族相手のシミュレーションを試してみてほしいと思います。

うまく話せない人ほど「うまく聴く」達人になる

ここまで見てきたように、営業の世界で成功するのは必ずしも話し上手な人だけではありません。いかに口達者な営業マンでも「正直な想い」を伝えなければお客様の心は動かせないし、お手本どおりのよどみない口調が、かえってお客様を警戒させてしまうこともあります。あるいはトークに自信があるのが災いして、自己研鑽《けんさん》を怠ったり、独りよがりでわかりにくい説明になってしまうこともあるでしょう。

とくに「紹介」に関していえば、話し上手な営業マンほど失敗してしまう例が目立ちます。自分がしゃべることが主になってしまい、お客様の話を「うまく聴く」ことができないからです。

第1章でも述べたとおり、お客様から紹介をいただくためには、お客様に満足してもらう必要があります。そのためにアンケートで「商談のどこがよかったか」をたずね、お客様に満足感を自覚してもらうわけですが、その大前提として、営業マンは

「よかったな」と思ってもらえるような商談をしなければなりません。

そこで大切になるのが「うまく聴く」ということです。

うまく聴くというのは、自分が聴きたい情報を引き出すことではありません。そんなことを聴いたところでお客様の満足度は少しも高まりません。

相手がしゃべりたいことを存分にしゃべっていただき、「話したいことはすべて話した」という達成感をもってもらう。それが「うまく聴く」ということです。

そして私の経験上、うまく話せない営業マンほどうまく聴くことができる。必要な情報を聴き出すためにいろんな寄り道をするからです。

たとえば保険の提案をするためには、お客様の家族構成や経済状況など、プライベートな情報に踏みこんでヒアリングをおこなう必要があります。話し上手な営業マンなら、そうした聴きにくい情報もさらりと引き出せるのでしょうが、残念ながら私にはそれができません。

だから私はまず自分の話からはじめます。子どもが四人もいること、その四人目の次男を生んだ後に妻が乳ガンにかかったこと、前職の年収では生活できないと思ったから転職したことなどをオープンに話すと、お客様も心を開いて自分のことを話してくれるようになります。

そのあとはお客様が満足するまでとことん話につきあいます。私はひとりのお客様との商談回数は三回がちょうどいいと考えていますが、お客様が話し足りない様子であれば、四回でも五回でも通います。

そうすればお客様は必ず満足してくれるし、おしゃべりのなかで親戚《しんせき》や友人の名前が出れば、最後に「あのとき話していた方を紹介してくれませんか」と具体的にお願いすることもできます。

無駄が多いように思えるかもしれませんが、これが紹介をもらうにはいちばん確実な方法であり、紹介先での契約率の高さを考えれば、下手な鉄砲を撃ちまくるよりもずっと効率がいいのです。

「オウム返し」で得られた小さな成功体験とは？

日本では近年、格差社会という言葉がよく聞かれるようになりましたが、営業の世界はまさにその縮図で、ごく一部のできる人と大多数のできない人、完全に二極化しています。

同じ商品を扱っていながら、どうしてこれほど大差がついてしまうのか――。

理由のひとつは向上心です。できる人は自己研鑽に余念がなく、つねに新しい知識やノウハウの習得につとめています。

そしてこの向上心、モチベーションを生み出すのが第1章で触れた「自己肯定感」です。

――自分はできる人間だ。

――自分が売る商品はお客様の役に立つ商品だ。

そのように自分や自分の商品を肯定できるからこそ営業マンはがんばれる。もしもこの気持ちがなく、「自分は話し下手で営業には向いていない」「こんな商品をおすすめしてはお客様に気の毒だ」なんて思っていたら、向上心がわかないどころか、話し下手の武器となる「正直な気持ち」を伝えることもできません。もちろん、紹介をお願いするなんてもってのほかということになってしまいます。

逆にいえば、自己肯定感をもつことさえできれば営業マンは目に見えて変わります。

たった一枚のアンケートでそれができることは先に触れましたが、そもそも月に一、二件の契約しかいただけない営業マンでは、お客様にアンケートをお願いできる機会もかぎられてきます。

そんな人でも無理なく自己肯定感を高める秘訣《ひけつ》が、「小さな成功体験」です。

多くの営業マンは、いきなり大きな成功を夢見て挫折《ざせつ》します。志を高くもつのは結構なことですが、理想と現実のギャップが大きすぎると「自分はなんてダメなんだ……」と心が折れてしまいます。

千里の道も一歩からというように、まずは自分にできることからはじめましょう。小さな成功をつかむきっかけは、身近なところにいくらでも転がっています。

たとえば新人時代の私は、お客様の前でうまく話せないというコンプレックスを抱いていました。お客様の言葉にどうリアクションしていいかわからず、場を白けさせてしまうこともよくありました。

そこで私は、先輩のすすめで「オウム返し」を試してみました。お客様が「A社の保険に入っています」と言えば私も「A社の保険ですか」と言い、「趣味は旅行です」と言われたら「なるほど、旅行ですか」と返す。営業のマニュアル本でもよく紹介されているベタな方法ではありますが、これはなかなか効果がありました。少なくともお客様の前でぶざまに固まって重い沈黙を招くようなことはなくなりました。

話し方に小さな目標を加えるだけで、小さな成功が生まれたのです。

毎日の仕事に「点数」をつけると、じつは仕事がラクになる

契約件数が伸びずに悩んでいる人なら、**日々の営業活動を「点数化」する**のもおす

すめです。

〝売ってなんぼ〟といわれる営業の世界ですが、それはイコール「契約をいただけたら成功、そうでなければ失敗」というわけではありません。たとえ成約にいたらなかったとしても、その過程で得られたこと、勉強できたことはたくさんあるはずです。だから、その努力の過程に点数をつけてあげるのです。

アポとりの電話をかけたら一点。
お礼のはがきを出したら二点。
お客様と会ってアプローチができたら三点。
契約をいただけたら五点。

そうやって点数をつけていけば、その日は契約を得ることができなかったとしても「自分はこれだけがんばった」という実感をもつことができる。気がラクになるだけでなく、毎日やっている仕事が、ささやかな成功体験に化けるのです。

ちなみに保険業界には、上位一％程度のトップ営業マンだけが入会できるＭＤＲＴ

（Million Dollar Round Table）という国際的な組織があります。

この点数方式はＭＤＲＴのセミナーで教わったもので、新人営業マンの目標は一日一五点を獲得すること——とされています。いまでも私は気分が乗らないときなどは、一日二〇点のノルマを自分に課してやる気を奮い立たせています。

なお、この方法は電話ぎらいの方にはとくに効果的です。手っ取り早く点数を稼ぐには、とにかく電話をかけるしかないからです。

不思議なもので、自分から電話をかけまくっていると、どういうわけか自分にもたくさん電話がかかってくるようになります。ずっと前に断られたお客様から「もう一度来てほしい」という電話をもらったり、紹介を頼んでおいたお客様から「いい人が見つかったよ」と連絡をもらえるのは、決まって自分が電話を頻繁にかけている時期と一致します。

これはシンクロニシティとしかいいようのない現象で、因果関係はわからないものの、営業マンなら身に覚えのある方は多いと思います。お客様からの電話を呼び寄せるためにも、まずは自分が電話をかける。一日一五人に電話をするだけでポイントノルマを達成できると思えば、そう難しいことではないはずです。

できる人はみんな失敗を活かす「仕組み」をもっている

どんなに優秀な営業マンでも、失敗することは必ずあります。神様でもないかぎり一〇〇%の確率で契約をいただいたり、紹介をもらったりすることはできません。生保業界全体のかぎりなく上位に入る私でも契約率は八〇%、つまり十人中二人のお客様からは契約をいただくことができていません。トップ営業だろうが駆け出しの新人だろうが、話し上手な人だろうが話し下手な人だろうが、失敗するときはするのです。

ただし、トップ営業マンは失敗したあとの対応が違います。「残念だったな」「運がなかったな」で終わらせるのではなく、失敗から学ぶ術《すべ》を知っています。

そして「失敗から学びやすい」という点において、話し下手な人のほうが、トップ営業マンになりやすいということが言えます。もちろん、話し上手な人でも失敗から学ぶ人はいますが、「話」に目立った落ち度がないため失敗に気づきにくいのも確かです。

たとえば極度の話し下手だった私は、契約をいただけなかった、あるいは紹介をもらえなかったときは、自分の話が下手だったとの思いから自分なりにその原因を分析し、思いあたる節を紙に書き出しました。**お客様から「ここが嫌だから契約しない」とはっきり言ってもらえたなら、それも必ずメモします。**

そのうえで、同僚のライフプランナーに相談する。自分ではこれが原因じゃないかという気がするが、君はどう思うか。こんなとき君ならどうするか。率直に意見を求め、アドバイスには素直に従うようにしていました。

いまの私が「一度の商談は二時間以内」と決めているのも、こうした自己分析の賜《たまもの》です。

新人のころの私は、気の合うお客様ほど契約に結びつかないという不思議なジンクスにはまっていました。話が大いに盛り上がり、「これはいける！」と思ったときにかぎって、最後の最後で「もう結構です」と断られることが何度か続いたのです。

原因は、話がはずむあまりお客様のご都合も忘れ、三時間も四時間も居座ってしま

ったことでした。失敗のたびに思いあたる理由をリストアップしていたからこそ、私はその共通点に気づくことができたのです。

原因がわかれば対応はそう難しいことではありません。私も商談は二時間で切り上げるというルールをつくってからは、同じような失敗はなくなりました。

大事なのは、失敗しないことではなく、失敗の原因を分析する「仕組み」をつくり、それを習慣化することなのです。

ここからは、話し下手な私が幾多の失敗から学んで編み出した、成功する「営業トークのルール」をいくつかご紹介したいと思います。ひとつでも習慣化すれば、あなたの営業成績はきっと変わるはずです。

価格をアピールすれば例外なく不安が生まれる

思い返せば私自身も、これまで数え切れないほどの失敗を重ねてきました。ここでもうひとつ、いまでは重要なルールのひとつとなった「失敗事例」をご紹介します。

最初は絶対に「商品の価格」をアピールしてはいけない、という話です。

昨今はどの業界でも価格競争が激しく、なにかといえば高い、安いの議論になってしまいがちです。私も数年前までは「この保険なら保険料が安くてすみますよ」という切り口でお客様を口説くことがありました。

ところが、このアプローチではすこぶる契約率が悪い。商談中はお客様もそれなりに納得しているように見えたのに、数日後に電話がかかってきて「すみませんけど、やっぱり他社で契約することにします」と断られてしまうのです。

それではなぜ、価格からのアプローチは失敗しやすいのか？

最初に価格の話をすると、それがお客様の意識に刷りこまれ、優先順位のトップが価格になってしまうからです。そのあとでいくら商品の必要性やメリットを説明しても、なかなか心に響かなくなってしまうのです。

しかもいまの時代はインターネットを使えば簡単に他社商品との価格比較ができま

す。保険業界でいえば、さまざまな保険会社の商品から安いものを組み合わせて提案できる代理店もあります。「価格が最大の決め手」と思いこんだお客様は、商談後にそうした手段で価格比較に走り、より安い商品へと流れてしまうのです。

「日本全国どこを探しても、絶対うちがいちばん安い！」

どのような業界の、どのような会社であろうと、そう言い切れる営業マンはほとんどいないはずです。

であるならば、**価格のアピールから入るのは愚策というほかありません。**たとえ比較的安価な商品だったとしても、「日本一安い」と断言することができなければ、お客様は「もっと安いところがあるのでは」と不安になるし、営業マン本人にも「価格比較をされたら負けるかもしれない」という心配がつきまといます。

だから商談ではまず、商品の必要性やメリットを訴えていくこと。保険業界でいうなら、なぜ保険に入る必要があるのか、自社の保険はどこが優れているのか、お客様にはどの保険が合っているのか、自分という担当者がつくことにどんな意味があるのかをしっかりと説明し、相手が納得したところで本腰を入れてお金の話をするのです。

そうすれば、仮によそでもっと安い商品を見つけたとしても、お客様は「私にはこっちの商品が合っている」「アフターフォローのことを考えれば山本さんから契約したい」「安いのには安いだけの理由がある」と思ってくれる。

話す順番を変えるだけで、お客様の反応はまったく違うものになるのです。

「いい質問ですね!」は魔法のキーワード

商品の必要性やメリットをアピールする際に気をつけたいのは、なんでもかんでも自分で説明しようと思わないことです。

最初から最後までしゃべりっぱなしというのは、話し上手な営業マンによく見られる傾向です。説明はよどみなく丁寧なので、お客様もなんとなく理解したつもりになりますが、最後に「では、この保険とこの保険ならどちらがお客様に合っていますか?」

と聴かれても答えられないことがあります。

その点、うまく話せない営業マンはお得です。説明がたどたどしい分、「それってこういうことでいいの？」などと、お客様のほうから質問してくれるからです。

質問をはさみながら商談を進めていけば、お客様は商品をより深く理解できるうえ、自分も商談に参加しているという手応えを感じられます。しかもお客様にとっては、質問できたということ自体がちょっとした喜びでもあります。自分から質問をするということは、営業マンの話をちゃんと理解できている証《あかし》だからです。

だから営業マンは、お客様から質問が出たらすかさずこう言いましょう。

「いい質問ですね！」

このひと言は、間違いなくお客様の感情を動かし、さらなる興味を掘り起こします。もっと「いい質問」をしたいという気になって、それまで以上に積極的に商談に参加してくれるようになります。当然の結果として商品への理解度、商談への満足度が高まるため、紹介もいただきやすくなります。

あなたも学生のころに言われたことはありませんか。

「いい質問ですね！」

これは大きな力をもった、まさに魔法の言葉なのです。

もっとも大事なものこそ説明するな！

お客様から質問してもらえるというのは、話し下手な営業マンの特権です。

とはいえ、すべてのお客様が積極的に質問をしてくれるわけではありません。なかには話を聴いているのかいないのか、むっつり黙りこんでしまう方もおられます。

そんなときは、営業マンのほうから質問を投げかけましょう。それもただ「わかりましたか？」などと聴くのではなく、クイズ形式で質問するのが効果的です。

「じゃあお客様、ここまでの説明でおわかりいただけたかどうか、二、三問クイズをしていいですか?」

そう断ったら、お客様の目の前にパンフレットを広げてクイズをはじめます。

クイズといっても、お客様を試すのではなく、商談に参加してもらうためのクイズですから難しい問題を出す必要はありません。パンフレットの該当箇所を指さしながら、「こちらの安い掛け捨てのタイプで六五歳まで支払った場合、総額はいくらになるでしょう?」などと、ごく簡単な問題を出題します。

パンフレットにそっくりそのまま書いてある事例なので、正解はお客様にもすぐわかります。「一八〇万円って書いてあるね」と答えてもらったら、「ピンポンです!」と盛り上げて第二問に移ります。

「では、山本にだまされてこっちの高いほうの保険に入っちゃった場合、六五歳までいくら払うことになるでしょう?」

「そりゃ七〇〇万円でしょ」

「そのとおりです。Aタイプなら一八〇万円ですみますけど、こちらのBタイプだと七〇〇万円も払わなきゃいけません。では次が最後の問題です。なにごともなく六五歳を迎えたとして、一八〇万円のほうは掛け捨てですけど、Bタイプはここでやめればお金が戻ってきます。いくら戻ってくるでしょう?」

「七五〇万円……かな⁉」

「ピンポンです! Bタイプは月々の保険料が高い分、のちのちそういうメリットも出てくるんですね。それでお客様……」

こんなふうにクイズ形式で商談を進めていけば、お客様はなるほどと腑《ふ》に落ちます。営業マンが一方的に説明するよりも、はるかに商品の魅力が伝わります。**だから営業マンは、ここぞという大事な場面では、説明ではなくクイズでお客様を巻きこみましょう。**

しかもこの方法なら、話し方のうまい、下手はほとんど関係ありません。ついつい早口になってしまう人や、お客様のペースに合わせて話すのが苦手な人でも、クイズ形式にすれば自然なかたちで会話のキャッチボールができるはずです。

男性客と女性客で使うペンを変えなさい

あなたは商談のとき、どんなペンを使っていますか？

一〇〇円かそこらで売っているような安物を使ってはいませんか？

あなたが自分のトークや商談ノウハウに絶大な自信をもっているならそれでもかまいませんが、そうではないのならば、その習慣は見直したほうがいいでしょう。

契約書やアンケートに記入してもらう際、営業マンなら誰しも自分のペンをお客様に手渡すと思います。そのペンがありふれた一〇〇円のものか、いかにも高級そうな品かで、お客様の営業マンを見る目が変わります。言うまでもなく、お客様は高級なペンを渡されたほうが気分がいいし、「この営業マンはちゃんとした人だな」という印象をもつようになります。

私はいつもスーツのポケットに二、三本のペンを差しています。いずれも一万円前後する名のあるメーカーの品で、**そのなかから女性のお客様には細身のペンを、男性**

のお客様には重厚感あるペンをお渡しします。ささやかな心づかいではありますが、気づいてくれるお客様は確実にいます。

より望ましいのは、ただ高級なだけではなく、なにか「由来」のあるペンを使うことです。そうすればお客様から「いいペンね」と言われたときに、「じつはこのペンは妻からプレゼントされたものでして……」などと話をふくらませることができる。話し下手で、いつもお客様との話題に困っている営業マンにとっては心強いアイテムとなります。

かくいう私のペンも、すべて社内コンテストの副賞としてもらったものです。だからお客様がペンのことに触れてくれたら、「これは○年前の社長杯に入賞したときの賞品なんですよ」とお話しするようにしています。営業マンが優秀な成績を上げていることがわかるとお客様は安心して紹介をしてくださるので、自分の成績をアピールする意味でもこのペンはとても役に立っています。

ちなみに私は、お客様との会話を盛り上げるツールとして、知恵の輪のようなオモチャや、絵本タイプの手品グッズも持ち歩いています。

商談で難しい話が続いてお客様が疲れてきたかなと思ったら、「じつは私、こんなの持ってるんですけど、息抜きにちょっと遊んでみませんか?」と言ってオモチャをお渡しする。あるいは傍にいるお子さんが退屈しだしたら、「この絵本、不思議でしょう」と手品を見せてあげる。そうすれば少なくとも会話に困るようなことはないし、場の空気もなごやかになって一石二鳥です。

お客様を手放したくなければ「月一回のメール」が最適

人と話すことに苦手意識をもっている営業マンの多くは、電話よりもメールでお客様にアプローチしたがります。

これはいけません。絶対にダメです。

メールなんて簡単に無視されてしまうし、忙しいだけなのか、さらさら会う気がないのか、返事が来ない理由もわからないので話がちっとも進みません。だいたい「○

○さんの紹介でご連絡を差し上げている山本と申しますが、今度お会いできませんか」なんていうメールで「よし、会おう」と思って返事をくれる人などほとんどいません。
だからお客様への連絡は必ずメールではなく電話にすること。たとえしゃべりが下手だとしても、メールよりも電話のほうがよっぽど「正直な想い」が伝わります。

ただし、何度かお会いしたことがあるお客様へのアフターフォローというなら話は別です。

商談の末になんらかの保険に入ってくれたお客様、あるいはそのときは断られてしまったものの、将来的には可能性がありそうなお客様に、私は月一回メールマガジン（メルマガ）を送っています。**「営業トーク」は必ずしも対面のものだけとはかぎらないのです。**

内容はたいしたものではありません。うちの子が中学校にあがりましたとか、家族と旅行に出かけましたとか、最近こんなことを考えていますとか、そういう個人的な近況報告が中心で、最後に保険のお役立ち情報や新しいサービスのご案内をちょこっと載せる程度です。

ところが、このなんでもないようなメールが意外に〝効く〟のです。

どのように効くかといえば、**私個人に親近感をもってもらえるというのもあります**が、**それ以上に重要なのは、お客様が保険に入りたくなったとき「山本」を思い出してくれるということです。**

お客様が保険に入りたい、見直したい、追加契約したいと思うタイミングは千差万別です。結婚や出産を機に考える人もいれば、芸能人がガンになったというニュースを見て心配になったのがきっかけという人も意外といます。

だから私は、お客様から「保険に入る気はない」「見直す必要を感じていない」などと断られたときは、いまは時期が悪かったのだと考え、お客様がその気になるタイミングを待つことにします。そしてそのタイミングになったとき、お客様が私を思い出してくださるように、定期メルマガで関係を保っておくのです。

メルマガのいいところは紛失がないことです。これが名刺だと「保険が必要になったらご連絡ください」と渡しておいても、十中八九なくされるか、どこかにしまいこまれてしまって、肝心なときに見つからなくなってしまいます。**メルマガならその心配がないし、削除されたとしても少し待てば次の号が届きます。**

郵便はがき

料金受取人払郵便

新宿北局承認

6456

差出有効期間
平成27年4月
30日まで
切手を貼らずに
お出しください。

169-8790

154

東京都新宿区
高田馬場2-16-11
高田馬場216ビル5F

サンマーク出版愛読者係行

ご住所	〒　　都道府県	
フリガナ		☎
お名前		(　　)
電子メールアドレス		

ご記入されたご住所、お名前、メールアドレスなどは企画の参考、企画用アンケートの依頼、および商品情報の案内の目的にのみ使用するもので、他の目的では使用いたしません。
尚、下記をご希望の方には無料で郵送いたしますので、□欄に✓印を記入し投函して下さい。
□サンマーク出版発行図書目録

ご購読ありがとうございます。今後の出版物の参考とさせていただきますので、下記のアンケートにお答えください。抽選で毎月10名の方に図書カード（1000円分）をお送りします。なお、ご記入いただいた個人情報以外のデータは編集資料の他、広告に使用させていただく場合がございます。

1 お買い求めいただいた本の名。

2 本書をお読みになった感想。

3 今後、サンマーク出版で出してほしい本。

4 最近お買い求めになった書籍のタイトルは?

5 お買い求めになった書店名。

市・区・郡　　町・村　　書店

6 本書をお買い求めになった動機は?

・書店で見て　・人にすすめられて
・新聞広告を見て（朝日・読売・毎日・日経・その他＝　　）
・雑誌広告を見て（掲載誌＝　　）
・その他（　　）

7 下記、ご記入お願いします。

ご職業	1 会社員（業種　　）2 自営業（業種　　） 3 公務員（職種　　）4 学生（中・高・高専・大・専門・院） 5 主婦　6 その他（　　）		
性別	男・女	年齢	歳

ホームページ　http://www.sunmark.co.jp　ご協力ありがとうございました。

ただ、なかには毎月メルマガが送られてくることを負担に感じるお客様もいるので、あらかじめ次のようにお断りしておくといいでしょう。

「これから私、毎月メルマガをお送りさせていただきますけど、しょうもない内容ですから、いちいち読んでくださらなくってもいいんです。ただ保険の請求とか、追加契約のご希望とかがあったとき、わざわざ山本の連絡先はどこだったかなって探すのもご面倒でしょうから、そういうときのために取っておいてほしいんです。そのメルマガに載ってるアドレスなり電話番号にご連絡いただけましたら、私すぐに駆けつけますから……」

こう伝えておけば、お客様にもメルマガの意図がはっきりと伝わり、必要なときに連絡をくれるようになります。つい先日も、メルマガをお送りしているお客様から「この前うちに他社の保険の営業さんが来て、いろいろ説明していったけど、どうせ契約するなら山本さんのところにしようかと思って……」といううれしい電話をいただき、メルマガの効力を再確認したばかりです。

会場を超満員にする劇団NANTAはなぜ「キャベツ」をばらまくのか？

韓国にNANTAという劇団があります。専用劇場での常設公演はつねに満員御礼で、現在までに韓国史上最大の観客動員数を記録しているという有名劇団です。

韓国旅行へ出かけた際にたまたまその公演を見た私は、営業マンとしてのインスピレーションを大いに刺激されました。

キッチンを舞台に、数名のコックがドタバタと披露宴のための料理をつくる。制限時間に追われながらもなんとか料理を完成させ、最後はどんちゃん騒ぎのパーティになだれこんでいく――。

そんな他愛のないストーリーでありながら、NANTAがこれほどの人気を博しているのは、それが「非言語公演」――すなわち役者がひとことも言葉を発することなく、音楽や身体表現だけで構成された作品だからです。

台詞《せりふ》による状況説明は一切なし。

だからこそ観客は、なにが起きているのか理解しようと舞台に集中し、想像力をはたらかせるのでしょう。

私が劇中でとくに印象に残ったのは、コックたちが切り刻んだキャベツを笑顔でばらまくシーンです。いったい何個のキャベツが使われているのか、コックたちは床が埋もれて見えなくなるほど豪快にキャベツをまき散らしていく。その奔放さにワクワクするのは私だけではなかったようで、この場面では会場のあちこちから歓声が上がりました。

ＮＡＮＴＡの舞台は私にさまざまなことを教えてくれました。

たとえばコミュニケーションの手段は言葉だけではないということ。一切台詞がないにもかかわらず、観客は役者たちの表情や身ぶり手ぶりを見て、彼らが怒っているのか悲しんでいるのか、その想いを正確にくみとっていました。この発見は、トークに自信がない私を勇気づけてくれました。

例のキャベツの場面は、自分をさらけ出すことの大切さを示唆しているように思えました。

彼らのようにあとさきを気にせず思いっきり部屋を散らかしてみたいというのは、老若男女を問わず多くの人がもっている願望だと思います。でもふつうの人は良識があるからそんなことはできません。

一方の役者たちは良識などおかまいなしに「散らかしたい」という欲求をさらけ出し、好きなだけキャベツをばらまいていく。その裏表のなさが、観客の共感を呼んでいるのでしょう。

自分をさらけ出せば、相手は共感してくれる——。

これは営業マンとお客様の関係にもあてはまります。

お客様が見ず知らずの営業マンを警戒するのは、相手がどんな人間なのかを測り切れないからです。口ではうまいことを言っているが、本音はどうだかわからないと疑心暗鬼になっているからです。

だからこそ、私はお客様の前でなるべく本当の自分をさらけ出すようにしています。**マニュアルどおりの営業トークなどではなく、商談中の雑談では自分の家族や経歴について話し、メルマガでは保険の情報の何倍もプライベートな近況を多く語ります。**

そうすればお客様は営業マンに共感をおぼえ、少しずつ心を開いてくれるのです。

五〇人以上の紹介連鎖を生んだ「音読エピソード」とは?

営業マンのどこを気に入ってくれるかは、お客様によって違います。それを確かめるためにアンケートで「どこがよかったですか」と聴くわけですが、私のケースでいえば「保険の説明がわかりやすかった」と言ってくださる方がもっとも多く、次いで目立つのが「保険以外の話がおもしろかった、役に立った」という回答です。

ここでいう「保険以外の話」とは、教育、住宅ローン、貯金、相続、転職などに関する話です。ソニー生命のライフプランナーは、その名のとおりお客様の人生をプランニングする仕事なので、商品説明の合間にお金や子育てに関するさまざまな情報を提供します。これがなかなか評判よく、「〇〇さんにもこの話をしてあげてよ!」と言って親戚や友人を紹介してくれる人が多いのです。

なかでも小さい子どもをもつ主婦にウケる〝鉄板ネタ〟が、これから紹介する「音読エピソード」です。

私はまずお客様にこんな質問を投げかけます。

「お客様のところは娘さんが小学校にあがられたばかりですけど、じつはお客様、国語、算数、理科、社会、英語といろいろあるなかで、なんぼ塾へ通っても伸びない科目があるんです。それってなんだかご存じですか？」

――答えは国語です。だいたいのお客様は「国語かしら」と気づかれるので、その答えを待ってからこう続けます。

「そうっ、国語です。じつは国語力っていうのは、ふだんの家庭での会話がすごく大切らしいですね。だから最近はどの小学校でも〝音読〟の宿題を出す。教科書のこのページをお父さんかお母さんの前で五回音読して、できたらサインをもらってきなさいという宿題が、一年生から六年生まで出るんです。

でも、なんで五回読む必要があるのかって、学校の先生も説明しなければ、親御さんたちもわかっていない。だからどの家の親御さんもあまり熱心に聴いてあげないで、お母さんは台所が忙しいからお父さんに聴いてもらいなさいと軽くあしらってしまうし、お父さんはお父さんでテレビを観ながら適当に聴くだけだから、子どももやる気がなくなって、早口でゴニョゴニョ五回読んだら、さあ終わったからサインちょうだいということになるんです。

これじゃダメですよね。音読の宿題の意味がまったくない。

この宿題は本来、こうやるべきなんです。まず一回目は間違えないように正確に読ませる。二回目は元気よくハキハキと読ませる。三回目は、お母さんのしゃべり方をまねして読んでみなさいと言って読ませる。四回目はお父さんのモノマネで読ませる。そして五回目は、どんなふうに読んだら人の心に響くか、自分で考えて読んでみなさいと言うのです。

こうやって親子で会話しながら音読すると、本当に国語力がつくんです。理解力、表現力、感受性がきたえられるから、国語が好きになって詩や小説を心から楽しめるようになるし、もしかしたら将来すばらしい男優や女優になるかもしれません。

それにお客様、国語力が関係するのは国語の科目だけじゃないですよね。理科や算数だって、高学年になれば文章問題が増えてくるから、文章が読めないとテストの点は伸びません。だからこそ国語は大事で、だからこそ全国の小学校が音読を取り入れているのに、みんなその意味がわからなくていいかげんにやっちゃうんです」

最後に「そんなのノルマをこなすだけの営業みたいなもんですよね」と少し笑いを誘って、この話は終わります。ほとんどのお客様は「へぇ～っ」と感心して「早速、今日からやってみます」などと言ってくれるので、そのタイミングでこう切り出してください。

「私、こんな話をお伝えしたいと思いますので、お友達のなかで興味のありそうな方はいませんか?」

間違いなく、ずらーっと名前があがります。

そうしたら、さっと名前をメモしつつ「あとからでかまいませんから、ぜひその方々を紹介してください」と言質をとっておきます。そして最後のアンケートのときに、「あのとき名前が出ていた〇〇さんを紹介してほしい」と具体的に依頼するのです。

言うまでもなく、紹介先でも音読エピソードを披露したら、同じように「興味をもってくれそうなお友達を紹介してください」とお願いします。

私はこの音読エピソードの〝紹介連鎖〟で、これまで五〇名以上のお客様に会うことができました。

男性客の心は「ニューロ・ロジカル・レベル」でつかみなさい

前段で紹介した「音読エピソード」は、子育て中の女性には圧倒的ウケがいいものの、残念ながら男性にはあまり響かないようです。では男性にはなにが喜ばれるかといえば、仕事や転職などビジネスにまつわる話題、なかでも多くの人が興味をもたれるのが「**ニューロ・ロジカル・レベル**」の話です。

ニューロ・ロジカル・レベルとは、脳科学や心理学の観点から「人間はなにに基づいて行動しているか」「自分を高めていくにはなにを変えればいいか」を分析し体系化したもので、主に心理学やコーチングなどの現場で使われる概念です。男性客との話のネタになるだけではなく、ビジネスマンとして知っておいて損はない話なので、簡単にご紹介しておきます。

①自己認識、ミッション、使命
②信念、価値観
③能力
④行動
⑤環境

ニューロ・ロジカル・レベルにはこのような五つの階層があり、上位のレベルが変化すれば、必ず下位のレベルに大きな影響をおよぼします。逆のパターン、つまり下位のレベルの変化が上位のレベルを変化させることもありますが、上位レベルがしっかりしてくるとあまり影響を受けることがなくなってきます。

どういうことなのか、具体的に説明します。

ニューロ・ロジカル・レベルにおける五つの階層

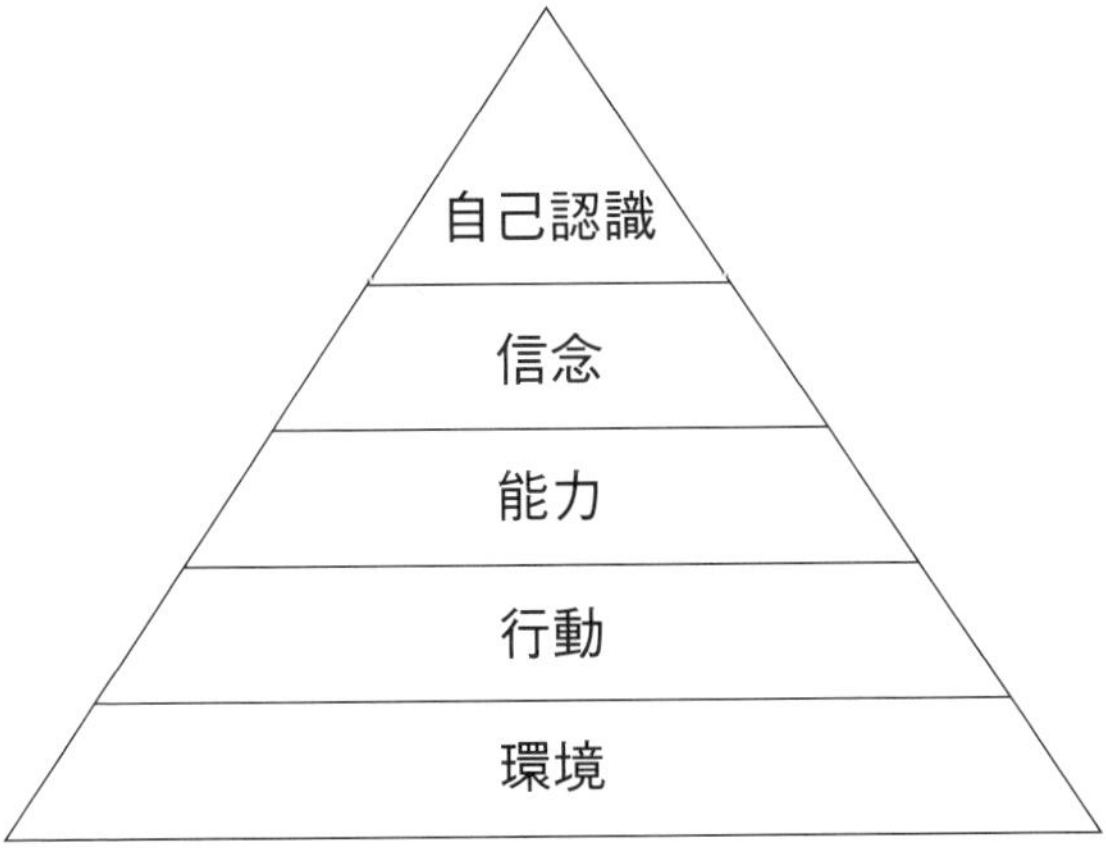

最下位の**「環境」**というのは、たとえば住んでいる場所です。同じ会社でも、大都市の営業所に勤務しているか地方の営業所にいるかで、営業マンの成績は変わってくるということ。基本的には、地方になるほどお客様の数が減るので契約数は伸びません。

この環境を変えるには、ワンレベル上位の**「行動」**を変える必要があります。たとえば地方の営業マンが大都市の営業マンの三倍の努力をすれば、それなりに成績が上がり、環境は変わっていきます。

けれども、いつまでも三倍の努力を続けていては疲弊してしまいます。ならばどうすればいいかというと、さらに上位の**「能**

力」を磨くのです。本を読んだりセミナーに足を運んで能力を高めれば、より効率のいい営業（行動）ができるようになります。

しかし、能力以上に大切なのは「なんのために働くか」という**「信念、価値観」**です。私自身を例にあげるなら、妻が乳ガンになったとき、保険に入っていたおかげで本当に助かったという経験があります。だから女性には必ずガン保険に入ってほしいし、入るべきだという信念がある。この信念、価値観をもって営業すれば、能力があろうがなかろうが、行動が多かろうが少なかろうが、環境がどのようなものであろうが、必ず結果を出すことができるのです。

さらに上位の**「自己認識」**――これは自分とはいったい何者なのか、その存在理由や使命を意識するレベルです。お金を稼ぎたいとか偉くなりたいとかではなく、自分の命を使って世の中にどう貢献していくのかを意識しながら仕事をする。この自己認識は、価値観以下のすべての階層を凌駕《りょうが》するほど大きなモチベーション源になります。

じつは本来は、もう一つ上（最上位）に「スピリチュアル」というやや特殊なレベルがあり、これは大自然や宇宙とのつながりを意識し、自分をその一部として捉えるレベルです。ここまでくると話が壮大になりすぎるので、私が営業時にお話しするのは一段階手前の自己認識までとしています。

ニューロ・ロジカル・レベルの話は、**いまの仕事に不平不満がある方、キャリアアップに悩んでいる方、転職を考えている方、社員教育に頭を悩ませている経営者などにとくに有効です。**

「昇進したいなら、まず行動を変えてみませんか？」
「転職するなら〝なんのために働くのか〟がわかる仕事がいいですよ」
「部下のパフォーマンスを上げたければ、ミッションを明確に打ち出しましょう」

そんなアドバイスをからめてこの話をご紹介すると、みなさんなるほどと共感してくださり、保険の説明をする前から「あなたから契約します」と言われることさえあります。もちろん「この話を部下にもしてやってほしい」などと言って紹介もたちどころに出てきます。

本書ではごくかいつまんでの説明となりましたので、興味をもたれた方はぜひ専門書などで勉強してみてください。

帰るときは「本音が聞こえる」までお辞儀しろ

商談が終わり、お客様に見送られて玄関を出たあと、あなたはいつもどうしていますか？

くるりと玄関に向き直り、閉まったドアに向かって深々と一礼していますか？

玄関のドアを閉めたあとで、のぞき穴から営業マンの様子をうかがうお客様は意外にたくさんいます。よりよい印象をもってもらうためにも最後の一礼は重要です。

しかし、ここで言いたいのは印象のことだけではありません。この去りぎわのお辞儀には、思わぬ余禄《よろく》がつくことがあるということを紹介したいのです。

深々と頭をさげて一秒、二秒、三秒……。

お客様のなかには、ドア一枚へだてた向こうに営業マンがいることも忘れて、夫婦で〝品評会〟をはじめる方もおられます。

「感じのいい人だったね」
「保険のことがよくわかったな」
「なんだか話が長くて疲れちゃったわ」

ドアの向こうからそんな声が漏れ聞こえてきたら、それはお客様のまぎれもない本音です。評価がよければ大いに自信をつけ、辛口な意見が出たなら真摯《しんし》に受け止めて反省材料にさせてもらいましょう。

たとえば私が「話が長い」と言われてしまったなら、あとで出すお礼のはがきに「先日は長話をしてしまい失礼いたしました」などと一言添えて、さりげなく失態をフォローします。

すると「自分たちの不満を感じてくれた」という気持ちになり、印象がよくなることさえあります。

去りぎわの数秒間は、お客様の胸中を知るまたとないチャンスです。

だから営業マンは、帰る前に必ずドアの前でお辞儀をしましょう。

ふつうなら二秒、三秒でやめてしまうところ、少なくとも五秒間はそのままの姿勢で待ってください。運がよければお客様の生の声が聞こえてきます。

「知っていること」が多い人ほど、結局なにもしなくなる

本書ではここまで、〝できる営業マン〟になるためにはいかに「紹介」が重要か、また話し下手な人ほどうまくいく理由と、紹介を引き出す際に必要な「営業トークのルール」をお伝えしてきました。

続く第3章では、いよいよ紹介をもらうためのより具体的なテクニックに踏みこんでいくつもりです。

そのまえに、あらためて読者の皆様にお願いしたいことがあります。

本書を読んで少しでも「いいな」と思ったことは、「そのうち試してみよう」ではなく、今日からすぐに実践してほしいのです。

これまで何度か述べてきたように、他人のいいところを素直にマネして吸収してい

くことは、営業マンの成長を確実に加速させます。ところが大部分の人は「いいな」と思うだけで実行にうつすことはありません。

たとえば第1章で紹介した胸ポケットのハンカチーフ――私はこのネタを保険営業マン向けのあるセミナーで教わりました。

セミナーには、わが社の営業マンだけでも一六〇名は出席していたでしょう。みんな真剣な表情で講師の話に耳を傾けていたし、セミナー終了後はその講師が書いた本が飛ぶように売れていました。

それなのに、次の出社日に観察してみると、胸ポケットから白いハンカチをのぞかせている人はほとんどいない。実行しているのはせいぜい一〇人くらい。こんなにすぐにできる簡単なことでも、みんな面倒がってやらないのです。

「こうすれば売れるらしい」「こんなやり方がいいらしい」――そんな知識ばかりが増えていくことは、無意味であるばかりか危険でさえあります。なぜなら、人間は「知っていること」が増えるほど行動するのがおっくうになり、最後はどうでもよくなってしまうからです。

あなたのなかに、二つの「山」があるとイメージしてみてください。**片方は〝知っていること〟の山で、もう一方は〝やっていること〟の山です。**

本来であれば、私たちは「知っていること山」の石をせっせと「やっていること山」に運び、こちらの山を高くしなければなりません。この作業を怠っていると、「知っていること山」にばかりうず高く石が積もって不安定になり、最後は山崩れを起こしてしまいます。

もちろん「やっていること山」だって無制限に高くできるわけではありませんが、こちらには石を捨てるという選択肢がある。**つまり一回やってみて役に立たないなと思った石は、ポイッと捨ててしまうことができるのです。**

だから「いいな」と思ったことはなんでもマネする私でも、やることが増えすぎて困ることはありません。自分にふさわしくないと思ったらさっさとやめて、次のアイデアを試してみる。そうやって取捨選択した石の山が、本書で紹介している〝山本流〟のノウハウというわけです。

あなたも「知っていること山」が高くなりすぎて身動きがとれなくなる前に、どうぞ本書で得た知識を使ってみてください。最初は人マネでも、自分なりにアレンジしたり組み合わせて使っていくうちに心身になじみ、いつしか〝あなた流〟と胸を張れるノウハウができあがるはずです。

3

第3章

アンケート用紙一枚で成績が劇的に伸びる

すべての課題を解決する たった一枚の「魔法のアンケート」

「契約をいただけない、紹介がもらえない」
「営業活動がつらい」
「お客様とうまくコミュニケーションできない」
「仕事にやりがいを見出せない」

営業マンの多くが、そんな悩みを抱えています。
私自身も営業の仕事をはじめた一〇年前は行く先々で相手にしてもらえず、契約はとれず、何度も心が折れそうになりました。けれどもアンケートという〝魔法のツール〟を手に入れてからの私は、そんな悩みとは無縁になりました。日々やりがいを感じながら営業という仕事を楽しみ、人の何倍もの成果を上げられるようになりました。

巻末につけた実物見本をご覧いただければわかるように、私のアンケートはじつにシンプルです。**たった一枚の紙で、「はい」「いいえ」で答えられる簡単な設問をのぞけば、聴くことは二つしかありません。**「よかったところベスト3」と「誰を紹介してくださるのか」だけです。

この単純明快なアンケートがどのような効果をもたらすのか、あらためて確認しておきましょう。

①紹介率が上がる
②客筋がよくなる
③共通の話題が生まれる
④自己肯定感が高まる
⑤強みやミッションが見つかる

まず、アンケートと本書のノウハウをそっくりマネしていただければ、八〇%の高確率で紹介が出るようになります。私の経験上、一人のお客様は平均二・五人を紹介してくれるので、少なくとも営業に行く先がなくて困るようなことはなくなります。**しかも紹介で出向く先のお客様は〝客筋〟がよく、飛びこみのように冷たくあしらわれることがないので営業自体がとても楽になります。**契約率は商品にもよるでしょうが、私の場合は紹介があれば八〇%と、これまた高確率で成約にいたります。

紹介先のお客様とは、紹介者という共通の話題があるため人間関係を築きやすいという利点もあります。お客様と良好な関係を築くことができれば営業マンも自信がついて成績はさらに上がっていくでしょう。

アンケートで「よかったところ」をたずねることが自己肯定感を引き出すというのは、すでに述べたとおりです。ごくまれに「よかったところなんてない」と言われることもあるでしょうが、それはそれで貴重なご意見です。がっかりせずに「ではどこが悪かったですか」とお聴きして今後に役立てましょう。

アンケートが束になるほどたまってきたら、お客様が書いてくれた「よかったところ」を分析してみてください。**そこからはあなたの強みのみならず、あなたが人生をかけるに値する「ミッション（使命）」が見えてくる**のではないでしょうか。

私の場合は「説明がわかりやすくてよかった」「保険以外の相談にも乗ってくれて

助かった」というご意見が非常に多かった。これは裏を返せば、保険についてわかりやすく説明したり、保険以外のアドバイスができる営業マンが少ないということです。

私はここに自分の存在価値を見出しました。

お客様に保険の大切さをわかりやすく伝えるとともに、ローンや教育、老後の生活資金なども含めたライフプランをトータルに提案することで、お客様の夢の実現をお手伝いする――それこそが私の使命だと思えるようになりました。

「ニューロ・ロジカル・レベル」の説明でも触れたように、使命感というものは環境や行動、能力以上に営業マンのパフォーマンスに直結します。自分のミッションを明確にもつことができれば、成績は間違いなく上がります。

アンケートからお客様の声に耳を傾ければ、あなたもきっと自分のミッションを見つけることができるはずです。

「長時間の紹介」より「契約の一瞬」が勝負のカギ

ここからは、お客様に知り合いを紹介していただくために「働きかける」方法——すなわちアンケートの使い方や、アンケートの効果を最大限に引き出すための商談の進め方などを具体的に説明していきます。

実物見本の質問項目や分量など参考にしながらご覧ください。

まずおさえておきたいのは、お客様にアンケートと紹介をお願いする「タイミング」です。これはお客様の「不安値」が最小になったとき、つまりは契約の直後にかぎります。

程度の差こそあれ、初めてお会いするお客様は例外なく営業マンに対して警戒心を抱いています。この人のことを信用していいものかと不安を感じています。

その不安を取りのぞくために、営業マンは真摯《しんし》な態度で商談に臨みます。ときには自分のプライベートもさらけ出しながら、熱心にわかりやすく説明していけば、お客様の不安値はなだらかに下降していきます。

そして契約の瞬間、お客様の不安値は最小化します。契約をしてくれたということは、商品や営業マンへの不安がほぼ取りのぞかれたということだからです。

このタイミングで「お客様、お手数ですが最後にアンケートをお願いします」と切り出せば、断られることはほとんどありません。そうしたら、あとは本章で説明するとおりに働きかけていけば、お客様は八〇%の確率で知り合いを紹介してくれます。

ただし、ここで気をつけたいのは、アンケートや紹介に時間をかけすぎないことです。お客様はここまでの商談で疲れているので、ぐずぐずしていると「面倒だからいいわ」と断られてしまいます。

最後のアンケートや紹介の交渉に割いていい時間は一〇分が目安です。

「えっ、たったの一〇分……!?」と驚かれたかもしれません。

そう、たしかに一〇分は短すぎます。一〇分でアンケート用紙に記入し、なおかつ紹介の交渉までおこなうのは至難の業でしょう。だから営業マンは、この前段階でいくつも布石を打っておくのです。

商談中から折りに触れて「最後に紹介をお願いしたい」ということをほのめかしておけば、お客様に心構えができます。あの人を紹介できるかなと心中で算段してくれます。アンケート用紙を渡された時点ですでに心は固まりつつあります。この下準備があるからこそ、わずか一〇分でもスムーズに話が終わるのです。

これがもし、最後の最後でいきなり「紹介がほしい」と言われたらどうか。

唐突にそんなことを頼まれてもお客様は困ってしまうし、なんでアンタに知り合いを紹介しなきゃいけないのかと不快に思う方も少なくないと思います。

そうした抵抗感をおさえる意味でも、商談中に伏線を張っておくことが重要です。

その伏線の張り方、布石の打ち方は、次から追って説明していきます。

自分の価値は「安心感」だと伝えなさい

お客様から紹介を引き出すための最初の布石は、**「私から契約することに意味があ**

る」と感じていただくことです。

誤解をおそれずに言うなら、保険だろうがクルマだろうがなんだろうが、商品そのものにそれほど大きな違いはありません。高い安い、好き嫌いはあるにしても、自分のニーズにあっていて、かつ同じ価格帯であればA社の商品もB社の商品もたいした質の差はないのがふつうです。

そんな状況下、自社の商品を自分から買ってもらい、なおかつ知り合いにも「あの人から買うといいよ」とすすめてもらうためには、商品力プラスアルファの魅力が必要になります。

そのプラスアルファとしてもっとも効果的なのが「安心感」です。いくら商品を気に入ったからといって、安心できない営業マンを知人に紹介しようというお客様はいないからです。

それでは、営業マンはどうやって自分の安心感をアピールすればいいのか？

最良の方法は、「自分は定年までこの仕事を辞めない！」と断言することです。

モノさえ売ってしまえばそれで終わりというスタイルの営業でないかぎり、お客様と営業マンの関係は契約後も続きます。それもお客様のほうから営業マンに連絡をしてくるのは、保険なら病気になって入院給付金を請求したいとき、クルマならエンジンの調子が悪いとき、住宅なら入居後に瑕疵《かし》が見つかったときというように、多くの場合はトラブルがらみです。

そんなとき、担当の営業マンが会社を辞めていたとしたらどうでしょう。いくら他の社員が対応してくれたところで、お客様は心細さを感じるでしょうし、自分の状況を一から説明しなければならないのも不便なものです。

数年前の話になりますが、こんなことがありました。

ソニー生命に転職して間もないころの私が、前の職場であるハザマの面々に営業を行い、断られまくっていたのはすでに述べたとおりです。**ところがその断った元同僚のひとりが、三年ほどたってから「やっぱり山本さんから保険に入ろうと思う」と連絡をくれたのです。**

「なぜ、いまごろになって……？」

率直にそうたずねると、彼はこう言いました。

「あのときは山本さんがウチの会社を辞めたあと、ソニー生命に転職してもすぐに辞めちゃうだろうと思っていたから……」

ああ、そうだったのかと、私は合点がいきました。

山本みたいな技術屋あがりに保険営業なんて務まるわけがない。どうせすぐに辞めてしまうだろう。担当の営業マンに辞められたら、いざというときにこっちが困る。だから山本から保険に入るのはやめておこう――彼はそう考えたのでしょう。

でもあれから二年がたち、どうも山本は辞めそうにない。それどころか成績もそこそこいいらしい。だったらそろそろ入ってやるかということで連絡をくれたのです。

この例からもわかるように、営業マンがずっと同じ会社で働き続けることは、お客様にとって大きな安心材料になります。**「自分は辞めない」と示すことは、相手に熱意を伝えることになり、たとえ営業マンが一～二年目の新人だとしても、その熱意を通してお客様の安心感は上がります。**保険、自動車、住宅といった高額商品を買うのであればなおさらです。

だから営業マンは商談の合間にこの点をしっかりアピールすること。それもただ「辞めません」と言うのではなく、「担当者が辞めないということは、お客様にとってこんなメリットがある」という説明を加えるのも忘れてはいけません。

ダメな人はだいたい「伝えたつもり」のオンパレード

〝山本流〟のアンケートは現在さまざまな業界で使われ、各所で成果を上げていますが、時折「アンケートを使っているのに紹介をいただけない」と相談してくる人もいます。**そういう人は、決まって〝契約まで〟に問題がある。伝えるべきことを伝え切れていない、打つべき布石を打てていないのです。**

伝えるべきことの第一は先ほどの安心感です。営業マンに安心感をもつことができて初めて、お客様はこちらの言葉を真剣に聴いてくれるようになります。

二つ目は「紹介」というキーワードを会話のはしばしにちりばめることです。

誰かの紹介でその人を訪ねたなら、最初の挨拶《あいさつ》で必ず「はじめまして、私、○○さんの紹介でまいりました山本と申します」と自己紹介をする。商品説明の合間にも、機会があればすかさず「私がお客様にこんなお話ができるのも○○さんのおかげで、本当にうれしいです」などと紹介の話をくり返す。

こうすることで、お客様の頭に「紹介」というキーワードがプラスのイメージとともに浸透していきます。

ほとんどの営業マンが見落としているのは、第三の布石――「自分がなぜ紹介をいただきたいのか」を正直に伝えることです。

なぜ紹介をいただきたいのか?

それはもちろん、この仕事を長く続けて一人でも多くのお客様を守り続けていくためです。ただ同時に、より多くの紹介から多くの契約をいただくことで結果的に生活は安定し、この仕事を長く続けることができるからでもあります。

営業マンなら当然そうでしょう――。

それでいいのです。そこを変にとりつくろう必要はありません。正直な想いをそのままお客様にぶつければいいのです。

「じつはお客様、私たちソニー生命のライフプランナーはフルコミッション制の中で営業しています。より多くのお客様を守るためには、新しいお客様との出会いが必要です。私がお客様に紹介をお願いしたいのはそのためで……」

私はいつもこんなふうに、自分がどうすれば長くライフプランナーでいられるか、営業としてどうやって生きているかを包み隠さずお話しします。

「そんなこと、わざわざ言う必要はない！」

そう思ったら大間違いで、**こちらから告白しなければお客様は「自分の成績のために紹介を頼んでるんだろう」とお感じになるかもしれませんが「生活を安定させ、この仕事を長く続けることで、一人でも多くのお客様を守り続けていくためにお願いし**

たい」と本音でお話しすれば、お客様は「それなら紹介しよう……」と思ってくれるものです。

紹介がほしい理由を伝えたら最後に「**紹介は営業マンだけではなく、お客様のメリットにもなる**」ということをアピールしましょう。

ここでいうメリットとは、紹介してくれたら紹介料を払うとか、そういう類いのことではありません。

ならばお客様にとって紹介のメリットはなにかといえば、営業マンが退職することなく長く担当してくれるということです。

担当の営業マンが辞めてしまうとお客様は不安をお感じになると思います。

そこで「紹介」です。

お客様が知り合いを紹介してくだされば契約のチャンスが生まれ、無事に契約をいただければ営業マンの収入が増えて生活が安定する。そうなれば末長くお客様をサポートしていくことができる――。

つまり、見込み客を紹介するのはお客様にとっても決して悪い話ではないのです。

このことは商談のなかできちんと説明しておく必要があります。

以上のことをしっかりと伝えておけば、最後のアンケートでは紹介していただける方のお名前を書いてくださることでしょう。

お客様が紹介したい気持ちになる「最強のフレーズ」とは?

第1章でも述べたように、人は誰しも「自分がいいと思ったものを人に教えてあげたい」という欲求をもっています。この欲求を上手に刺激すれば、お客様は自ら進んで知り合いを紹介してくれます。

そのためには「お友達に商品を売りたいから紹介してほしい」ではなく「お友達にこういうことを教えてあげたら喜ばれますよ」と話をもっていくのが理想です。

たとえばアンケートの「よかったところ」欄に「保険のことがよくわかった」と書いてくれたお客様には、こんなふうにお願いしてみましょう。

「お客様は、保険の種類とか選び方がよくわかってよかったな～と思っていただけたんですよね。でしたら同じように保険のことがよくわからなくて困っているお友達を紹介していただけませんか。そうしたら、その方のところでも同じように丁寧に説明しますから、きっと喜ばれると思いますよ」

このように、「商品を売るため」ではなく、あくまでも「いい話を教えてあげるため」の紹介であることを強調するのです。

そして、とっておきはこのフレーズです。

「保険には入らなくて結構ですから！」（商品は買わなくても結構ですから！）

これは絶対に言いましょう。だって本当のことですから。

何度もお伝えしているように「山本流」の営業では、商品を買ってもらうのは二の次です。たとえ契約をいただけなかったとしても、そこでまた新しいお客様を紹介してもらうことができれば営業活動は成功だと考えます。

だから私はお客様の状況を聴いてみて、すでに入っている保険がその方にとってベストだと思えば、自社の商品を無理におすすめすることはありません。それでも誠心誠意、お客様の保険やライフプランについてアドバイスをして差し上げます。そうすればお客様はきっと別の方を紹介してくれるし、何年かしてから「保険を見直したい」とご連絡をいただけることもあります。

紹介営業の基本は、お客様からお客様へと半永久的に紹介を連鎖していくことです。そのためにはどのみち押し売りまがいの売り方などできません。

ですから紹介を依頼する際には、そのことをきちんとお伝えすること。そうすればお客様も安心して大事な友人を紹介してくれます。

「紹介営業」をするのは営業マンではなくお客様自身

アンケート用紙に紹介者を書いてもらうときに気をつけなければならないのは、住所や電話番号を聞かないことです。記入してもらうのは相手の名前と自分との関係だけ。それ以上の情報はいりません。

「それじゃあ連絡の取りようがないじゃないか」と思われるかもしれませんが、それでいいのです。**紹介先に連絡するのは営業マンではなくお客様だからです。**

〝山本流〟の紹介では、いきなり営業マンが紹介先に電話をすることはありません。まずは最初のお客様（Aさん）から紹介先のお客様（Bさん）に一報を入れてもらい、「ソニー生命の山本という人があなたに会いたがっているが、紹介してもいいか」と承諾をもらったうえで、あらためてBさんの連絡先をお聴きしてアポをとります。

どうしてこんな手間をかけるかといえば、お客様の心理的な負担を少なくするため

です。アンケートの段階で住所や電話番号まで書いていただくとなると「勝手に教えるわけにはいかない」と思われる可能性が高くなりますが、名前と自分との関係だけなら、その場で思いついた人をスラスラ書いてもらえます。

しかもこの方法ならBさんに断られる確率もぐっと下がります。**見ず知らずの営業マンから突然「会ってください」と電話がかかってくるのと、親しいAさんから「会ってあげてよ」と頼まれるのとでは反応に雲泥の差があります。**

紹介元であるAさんだって、営業マンに勝手に連絡されるよりは、あらかじめ自分が電話をして「いやだったら断ってもいいんだからね」と念押ししておくほうがはるかに安心できるというものです。

お客様に頼んでいいこと、絶対に頼んではいけないこと

アンケートを書いてもらい、知り合いを紹介してもらい、紹介先に電話をかけても

らい……。

ここまで見てきたように、〝山本流〟の営業ではお客様にじつにいろいろなお願いをします。これらのお願いは、しかるべき手順を踏めば拒絶されることは稀で、むしろ喜んで協力してくれる方も少なくありません。

ただしひとつだけ、お客様に無理強いしてはいけないことがあります。

それは紹介先に電話を入れる「タイミング」です。

アンケート用紙への記入までは契約を結んだその日のうちに実行しますが、実際にお客様（Aさん）から紹介先（Bさん）に電話をしてもらう時期は、Aさんの判断にまかせてください。

紹介のためだけにわざわざ電話をかけるというのは、Aさんにすればかなりのプレッシャーになるし、〝いかにも〟営業の電話という感じになってBさんの心証も害しかねません。だから紹介の電話については「なにかのついででいいので、今度Bさんに電話をかけるときに忘れず伝えてくださいね」と頼むにとどめましょう。

そして帰りぎわにもう一度、「Aさん、今日は契約をしていただいて、そのうえお友達まで紹介してくださって、本当にありがとうございます。とってもうれしいです」

と感謝の言葉を述べたうえで、「では紹介のお電話も必ずお願いしますね」と念押しします。**紹介をいただくという前提で、お礼の言葉を〝先にお渡し〟しておけば、お客様もその役目を果たさなければならないという気持ちになってくれます。**

ただ、二、三か月ほどしても連絡がないときは、それとなく催促をすることも必要です。私なら保険証券をお届けするときなどに「そういえば例の紹介の件はその後どうなりましたか？」と探りを入れて、「まだです」と言われればもう少し待ち、「忘れていた」と言われたら「じゃあ次に電話するときにお願いしますね」と再度依頼をします。

私の経験上、すぐに電話をかけてくれるお客様はせいぜい一〇％程度です。残りのお客様はといえば、三か月以内に連絡してくれる方が三〇～四〇％で、半数以上は三か月以上たってからようやく紹介してくださいます。紹介はこのように長いスパンで考えるべきものなのです。

気の遠くなる話だと思われるかもしれませんが、これは逆に考えると、紹介いただく時期を営業マン自身がコントロールできるということでもあります。訪問先のリストが減ってきたなと思ったとき、紹介を頼んであるお客様に電話をかけて「そろそろどうでしょう」とお願いすればいいのですから。

紹介の電話をせかさないでおくことは、お客様と営業マンの双方にとってメリットがあるのです。

会って五分で「紹介者」を見分けるポイントとは？

紹介は、どんなお客様からでも出てくる可能性があります。

一見すると気難しそうで、「この人から紹介をもらうのは無理かもしれないな」と思ったお客様が、アンケートの段になったら四人も五人も名前を書いてくれたといった例は枚挙にいとまがありません。だから営業マンは、先入観をもたずに会ったお客様全員にアンケートと紹介をお願いすべきです。

とはいえ、紹介が出やすい人、出にくい人という傾向があるのもたしかです。

まず男女でいえば、紹介をいただけるのは圧倒的に女性が多い。

男性の場合は会社が交友関係の中心になるため、「変な人を紹介してしまったら立場がない」と躊躇《ちゅうちょ》する方が多いのですが、それでもきちんと説明すれば紹介はもらえます。一方、私の経験上、女性は会社関係以外の友達づきあいも多いので、「だったら○○さんに聴いてみようか」と気軽に紹介を引き受けてくれます。

女性のなかでもとくに期待できるのは、小さいお子さんのいる方です。子育てをしていれば必然的に近所のママ友と交流をもつことになるし、たいていのママさんは学資保険など共通の関心ごとがあるので、「教えてあげたら喜ばれますよ」というアドバイスがより効果的になるからです。

また、最初の挨拶のときに「わざわざお越しいただきありがとうございます」と気づかいをみせてくれる方や、名刺をお渡しした際に「お写真入りの名刺なんですね」と感想を述べてくれる方、お茶を出すときに「緑茶とコーヒーならどちらがいいですか？」と聴いてくれるような方は、社交的でコミュニケーション能力が高いため、高確率で何人もの知り合いを紹介してくれます。

こうしたお客様に出会えたなら、注意してみてはいかがでしょうか。

YES、YESをくり返すと紹介も「YES」になる

私のアンケートは「よかったところ」と「誰を紹介してくれるのか」を書いていただくことに主眼をおいていますが、いきなりこの二つの質問をぶつけるわけではありません。巻末の見本を見ていただければわかるように、まずは「はい」「いいえ」で答えられる簡単な質問から入ります。

「ソニー生命について、ご理解いただけましたか?」
「三つの保険について、ご理解いただけましたか?」
「ソニー生命のオーダーメイドについて、ご理解いただけましたか?」

この三項目は、お客様に理解していただけたかどうかを確認するだけではなく、お客様が「はい」と書くことにより、ポジティブなイメージをもっていただくための項

目なのです。

お客様は「はい、はい、はい」とマルをつけていくことで「うん、理解できたな」と納得し、「よかったところ」と「誰を紹介してくださるのか」も記入してくださるようになります。

業界や商材に合わせて〝山本流〟アンケートの文言はアレンジしてほしいと思いますが、項目の数、順序、内容といった軸の部分はぜひこのままでお使いいただきたいと思います。

アンケート用紙を置いて帰ってくるのは愚の骨頂

アンケートでお客様から期待どおりの回答をいただくためには、アンケート用紙を置いて帰ってくるようなまねは絶対にしてはいけません。商談が終わったあと、必ずその場で、営業マンの目の前で記入してもらうようにしてください。

もちろん営業マンは、お客様が書き終わるのをボンヤリ待つのではありません。「はい、いいえ」の回答くらいはお客様にまかせてもかまいませんが、「よかったところベスト3」と「誰を紹介してくださるのか」の項目については、「ここにはこういうことを書いてください」と説明しながら記入をうながします。

ここで、あらためて「よかったところベスト3」を書いてもらう理由を確認しておきます。

①お客様からほめてもらうことで営業マンの自己肯定感を高める
②お客様が喜ぶポイントを知ることで自分の強みを発見する
③お客様に「いい商談だった」と認識していただき満足度を高める
④紹介をお願いする際の切り口とする

いずれも重要なポイントですが、とくに注目してほしいのは③と④です。

お客様は商談後のアンケートで「よかったところ」を振り返ることで、あらためて

「いい話を聴いたな」「いい買い物をしたな」と納得し、満足します。営業マンはそんなお客様に対して「〇〇について知ることができてよかったと思われたなら、同じように〇〇のことがわからなくて困っていそうな方を紹介してください」と切り出します。

つまり、ここで書いてもらう「よかったところ」は、営業マンが紹介をお願いするための交渉材料になるのです。交渉をスムーズに進めるためにも、ここではぜひとも〝使える〟コメントを引き出したいところです。

そのために、お客様が何を書けばいいか戸惑っているようなら、「たとえば学資保険の話をさせていただきましたよね。あの話などはいかがでしたか?」「話の内容だけではなく、たとえば私の印象などでもかまいませんから、少しでも好感をもてたところがあれば書いてください」などとヒントを示し、具体的かつ効果的なコメントをもらいます。

ただし「よかったところベスト3」のうち最後の一つについては、無理に回答を書いていただく必要はありません。

ほとんどのお客様は「よかったところはあるけど、三つも思いつかない」とおっしゃいます。そんなときは少し矛先を変えて、こうお願いすればいいのです。

「ではお客様、最後はぜひ私への〝応援メッセージ〟を書いてください！」

するとたいていのお客様は「山本さん、がんばれ！」「応援してます！」などと書いてくれます。このなんでもないようなコメントが、紹介依頼の際に効いてきます。**応援していると書いた以上、応援＝紹介してあげたいという気になるからです。**

どんな人でも、文字に書いたことはなかなか忘れません。忘れないばかりか、自分が書いたことには責任をもたなければならないと感じます。

アンケートはここがいいのです。

口頭で「よかったところ」や「応援メッセージ」を言ってもらうよりも、文字で書いてもらったほうがずっと心に残るし、自分自身がそういうメッセージを発したという責任感が芽生えます。

だから営業マンは、アンケートの質問を口頭で聴いてはいけません。また「あとで書いておいてください」と用紙を置いて帰ってもいけません。アンケートに記入している間は必ずそばに付き添って、その場で記入してもらえるようサポートしていきましょう。

「誰でもいいのでご紹介ください」と言えば「誰も紹介できない」と返される

「よかったところベスト3」の記入が終わったら、次はいよいよ「誰を紹介してくださるのか」を書いてもらいます。当然のことながら、ここでも営業マンはただ書き終わるのを待つのではなく、積極的に会話をしていく必要があります。

ここでの鉄則は「お母様を」「ご友人の○○さんを」「趣味のサークルのお友達を」というように、こちらから紹介してほしい人を具体的に提示することです。間違っても「誰でもいいから紹介して」などと言ってはいけません。

「誰でもいい」と言われても、お客様はどんな人を紹介すればいいのかイメージがわきません。紹介できる人が思い浮かばなければ「そういう人はとくにいません」と簡単に断られてしまいます。

しかも「誰でもいいから」というお願いのしかたは、自分本位な印象を与えます。

営業マンはあくまでも「商品を売りこむため」ではなく「いい話、役に立つ話を教えるため」に紹介をもらうのだから、「誰でもいい」ということはないはずです。お客様がこの話を教えてあげたいと思うような大事な人を紹介してもらうのが筋というものでしょう。

「この人を紹介してください」と具体的にお願いするためには、商談中にそれとなく友人や親戚《しんせき》づきあいの話に水を向け、お客様の交友関係を把握しておく必要があります。おしゃべりのなかで友人などの名前があがったら必ずメモをとり、名前が出なくとも「地元出身で兄弟が多い」「ママ友とのつきあいが多い」といった情報は忘れずに書きとめておきましょう。

これまでにも触れたように、お客様に心を開いていただくには、営業マンが先に自分をさらけ出すのがいちばんです。具体的にお教えすると、「うちの妻もＰＴＡの活動を熱心にやっていまして……」「実家が遠いから盆暮れの帰省が大変で……」という話題がおすすめです。誰にでも共通する話題のため、ほとんどの場合、お客様も自分のことを話しはじめますし、「PTA」「帰省」というキーワードは交友関係と直結しやすい話題です。

商談中にそうした雑談の機会に恵まれなかった場合は、紹介依頼のときでもかまいません。

「同じ会社の方で、ご結婚して小学生くらいのお子さんがいる方はいらっしゃいませんか？　そういう方でしたら、教育資金を確保しながらマイホームも買って、老後も安心して暮らせるようなライフプランにはきっとご興味があるはずですから、教えてあげれば喜ばれると思うんです」

もちろん商品によって顧客ターゲットは変わりますが「身近なところで興味のある人はいませんか」というように質問すれば、お客様の頭のなかで具体的なイメージがわき、「それならあの人はどうだろう」と名前をあげてもらえます。

紹介が引き出せなかったときに見直したい一二のチェック項目

お客様から紹介が出ない原因はほとんどの場合、商談中に伝えるべきことを伝え切れていないか、アンケートをうまく使えていないかのどちらかです。失敗してしまったときは、以下のチェックリストで自分の商談に問題がなかったかどうか確認してください。

《商談中に伝えておくべきこと》

□最後に紹介をお願いしたいということ
□紹介で訪問した場合は、紹介者への感謝の気持ち
□自分という担当者がいることの意義、安心感
□本気で紹介をいただきたいという「想い」とその理由
□紹介はお客様にとってもメリットになること

□お客様に役立つ話をお教えするための紹介であること
□紹介先で押し売りまがいのことは絶対にしないこと
□電話をかけるのはなにかのついででかまわないこと

《アンケートに記入してもらうときの注意点》
□営業マンがそばに付き添い、その場で回答してもらう
□「よかったところ」を具体的に書いてもらい、商品や営業マンへの満足を実感してもらう
□「よかったところ」に共感してくれそうな人をあげてもらう
□紹介してほしい人をこちらから具体的に提示する

最初は慣れない部分もあると思います。誰だってすぐにはできません。

それでも身につくまでくり返し実践し、この項目がすべて埋まるようになれば、あなたはもうトップ営業マンの仲間入りを果たしていることと思います。

断られたら必ず「がっかり感」を示しなさい

いかに完璧《かんぺき》な営業を展開したとしても、一〇〇%の確率で紹介をもらうことは不可能です。お客様のなかには本当に人づきあいのない方、なんらかの事情で紹介に強い抵抗感を抱いている方もいるからです。

ただし紹介を断られたからといって、「あ、そうですか」などとあっさり引き下がってはいけません。そんな態度ではお客様から「それほど本気ではなかったんだな」と思われてしまいます。

「紹介は無理です」と言われたら、「そうですか……」と身体全体で「がっかり感」をあらわすべきです。

それまでニコニコと話していた営業マンが初めて見せる残念そうな姿は、お客様の心を少なからず動かします。可能性は高くはないけれど、「そんなに紹介がほしいなら……」と考え直してくれる方もおられます。そのときは紹介が出なくとも、ここで自分の本気度を示しておけば、あとから「知り合いが話を聴きたいって言ってるんだけど」と連絡をくれることもあります。

気をつけたいのは、「がっかり感」は言葉ではなく態度で表明するということです。ストレートに「紹介がもらえないなんて残念です」と言うと、お客様を非難しているようなニュアンスにとられる可能性があるからです。

このように「紹介」をもらうポイントはたくさん存在しています。**ポイントがたくさんあるということは、それだけ紹介をもらうための道筋がたくさん用意されているということだと私は思っています。**

完璧にこなせずとも、自分がやりやすいポイントを伸ばしていけば、自然と一枚のアンケートから紹介をもらうことはできてきます。

ぜひ巻末のアンケート見本を参考に、自分なりのアンケートを作成してこれからの営業活動の「相棒」としてほしいと思います。

4

第４章

楽しくなけりゃ、営業じゃない！

一流の人ほど仕事を楽しんでいる

私は営業の仕事をはじめてから、職場の同僚やデパートの販売員など、営業をなりわいとする人々をよく観察するようになりました。いいところがあれば参考にし、いやだなと思うところがあれば反面教師にさせてもらうためです。

そんなことをかれこれ一〇年も続けてきて、つくづく思うのは「売れている人、一流の人ほど仕事を楽しんでいるなあ」ということです。

売れるから営業が楽しいのか、営業を楽しんでいるから売れるのか――。

「にわとりが先か、卵が先か」のような話と思われるかもしれませんが、こと紹介に関していえば、答えは明白です。

営業を楽しんでいるから紹介がもらえるのです。

ピンとこない方は、お客様の立場になって考えてみてください。

いやいや仕事をしている営業マンと、ワクワクと楽しそうに働いている営業マン、あなたならどちらに知り合いを紹介したいと思いますか？

言うまでもなく、楽しそうにしている営業マンでしょう。人はみんな、前向きにがんばっている人を見れば応援したい気持ちになるものです。

もちろん私も仕事を楽しんでいる営業マンのひとりです。商談の間ずっと、あまりにも楽しそうにニコニコしているものだから、お客様から「なにがそんなに楽しいの？」と笑われてしまったこともあるくらいです。


本書のはじめで宣言したとおり、紹介をもらうためになによりも必要なのはノウハウです。それに間違いはありませんが、紹介率をかぎりなく一〇〇％に近づけようと思えば、理屈だけでは限界があるのもまた事実です。

お客様に「紹介したい」と思っていただく最後の極意は、営業という仕事を心から楽しむこと――それは紹介率の向上のみならず、あなたの人生をより豊かにすることにもつながります。

営業を「楽しむ」ことなんて本当にできるの？

営業を楽しめと言われても、売れなければ楽しいわけがない！

――そう思われた方もいるでしょう。

たしかに売れない時期の営業マンはつらい。営業先ではお客様からにべもなく断られ、会社にもどれば上司から小言を言われるような毎日では、楽しいという感覚をもつのは難しいと考える方のほうが多いと思います。

――でも、本当にそうでしょうか？

営業を楽しむということは、趣味や遊びを楽しむのとは次元が違います。

お客様と話していて楽しいとか、営業成績が上がったからうれしいとか、そんな単純な話ではありません。それは一時的にあなたを愉快な気分にさせてくれますが、たまたま苦手なお客様に出会ったり、スランプにおちいったりすれば、一瞬で霧散してしまう性質の楽しさです。

――では、営業マンにとっての楽しみとはなんなのか？

たとえばそれは、苦しみを乗り越える楽しさです。成績不振が深刻なときほど一件の契約をいただいたり紹介がもらえたりしたときの喜びは大きく、その達成感は長く持続します。

アンケートで「よかったところ」を聴くのも楽しい作業です。お客様からの称賛や感謝の言葉は、間違いなく営業マンの心の栄養になります。

契約をいただけずアンケートにたどりつけないときは、日々の発見に目を向けてください。人と接する仕事をしている以上、毎日が同じことのくり返しであるはずがない。たとえ営業に失敗したとしても、その原因を分析して次への足がかりとしていけば、そこに小さな楽しみが生まれるはずです。

会社の同僚や同業者との交流も楽しみのひとつです。売れない者同士で愚痴を言い合うのではなく、向上心の高い相手と積極的に交われば自分の意識が高まるだけではなく、往々にして人脈も広がります。

営業マンの楽しみとは人に与えられたり、最初から目の前にあるものからは得られません。その時々に応じて能動的に見つけにいくことで得られるものです。だからこそ楽しさの種はいたるところに転がっているのです。

とはいえ、これは言葉でいうほど簡単なことではありません。契約をいただけない日が何日も続けば気分が落ちこんで前向きさを失い、営業を楽しむどころではなくなってしまうかもしれません。

そんなときでも、折れない強い心をもつために必要なのは「ミッション（使命）」です。

自分の営業人生をかけるに値するミッションを見出すことができれば、どんなに苦しいときでも営業を楽しむことができるようになるのです。

消費者の声を聞けば、見えない「ミッション」が見えてくる

ミッションの見つけ方は人それぞれです。

私の場合は転職先にソニー生命を選んだときから、「人の役に立つ仕事がしたい」という漠然とした志を抱いていました。その志をミッションと呼べるレベルにまで高めることができたのは、お客様とアンケートのおかげです。

最初のきっかけは、第1章でもご紹介した淡路島のお客様――保険に入った翌日に脳梗塞《こうそく》で入院されたTさんです。

Tさんが倒れたという知らせを受けたとき、私の頭にはさまざまな思いがよぎりました。Tさんは大丈夫だろうか、給付金はちゃんと出るのだろうか、私がいただいた契約は会社に不利益をもたらすのではないか……。

でも正直に告白すると、もう一つ気になったのが「このようなケースの場合、自分のコミッションはどうなるんだろう？」ということでした。

退職金を切り崩しながら生活していた当時の私にとって、五〇〇〇円の交通費をかけて得た契約がコミッションの対象にならないというのは大きな痛手だと思ったからです。

でもそれ以上に、私は自分の不純さにショックを受けました。口ではお客様のためと言いながら、いざとなれば自分の収入のことを気にしてしまったことで、激しい自己嫌悪におちいりました。

私は、自分で思っていたほどお客様のことを考えてはいなかった——。

自信を失った私は、お客様に保険をおすすめすることになんとなく罪悪感をおぼえるようになりました。

そんな私にふたたび勇気をくれたのは、Tさんが順調に回復しているという知らせでした。Tさんやそのご家族は、いいタイミングでいい保険をすすめてくれた、おかげで安心して治療を受けられる、本当に助かったと何度も何度も感謝の言葉を述べてくれました。

Tさんの喜びはしだいに私の喜びになりました。そしてついに、報酬があろうがなかろうが、遠路はるばる淡路島まで出向いていってよかったと心から思うことができました。そしてその瞬間、私はようやく自分を許すことができたのです。

この経験は私に大きな成長をもたらしました。

お客様の喜ぶ姿を目の当たりにしたことで、「保険をとおして人の役に立ちたい」という転職当初からの志は、単なる理想論ではなく、ゆるぎないミッションへと変貌《へんぼう》を遂げました。さらにその後、アンケートで多くのお客様の声を聴くうちに、ミッションはより具体的な方向性をもつようになっていきました。

お客様に保険の大切さをわかりやすく伝えるとともに、ローンや教育、老後の生活資金なども含めたライフプランをトータルに提案することで、お客様の夢の実現をお手伝いする！

これが私のミッションです。

このミッションをつねに忘れないよう、私は自分に「夢の実現応援団長」というキャッチフレーズをつけて、名刺やアンケート用紙にもプリントしています。

思うように成績が伸びないときや、お客様から厳しいお言葉をいただいたときも、この原点に立ち返れば自然と勇気がわいてきます。いまの私が、どんなつらい局面に立たされても「営業が楽しい！」と言えるのは、確固たるミッションがあるからです。

青臭いことをと思われるかもしれませんが、自分の仕事に意義を見出し、使命感をもつことができれば、営業マンは見違えるほど強くなります。

ミッションを見つけるためのいちばんの近道は、実際に商品やサービスを利用している人の声を聴くことです。

保険のように利用者と直接かかわる営業ならアンケートを使えばいいし、ふだんはエンドユーザと接点のないＢｔｏＢの営業マンなら、人づてでもいいからお客様の声を教えてもらうなどして利用者を身近に感じる努力をすべきです。

お客様が喜ぶ姿をイメージできたなら、自分が果たすべき使命もおのずと見えてくるでしょう。

成功率一〇〇%の仕事より、成功率一〇%の仕事を選べ

多くの場合、営業マンの楽しみは苦しみを乗り越えた先で見つかります。

スランプが長ければ長いほどそれを脱した喜びは大きいし、極めて難しいだろうといわれていたお客様から契約や紹介をもらうことができれば、その成功体験は大きな自信となり、周囲からの評価も高まります。

逆にいえば、誰にでもできるような仕事に楽しみを見出すことは難しい。私はそう思います。誰がやっても一〇〇%成功する仕事なんて、やり遂げたとしてもなんの達成感もないし、評価にも結びつきません。

仕事を楽しめない営業マンは、もしかしたらここに問題があるのかもしれません。リスクを避けて楽な道ばかりを選んでいるから、やりがいを感じられない——あなたにはそんな心当たりはありませんか?

営業マンは困難を恐れてはいけません。**無理なノルマを課されたとしても、不遇を**

嘆くのではなく、チャンスと捉えるほうがはるかに成績も上がります。成功すればあなたの株は急上昇するし、ダメだったとしても失うものなどたかがしれています。

それに〝山本流〟の営業なら、どんなに契約の見込みが低いお客様でも「紹介」をいただける可能性があります。契約がダメでも紹介をいただけたなら、その営業は無駄足ではなかったということになります。

だから営業マンは、成功確率がゼロでないかぎり果敢にチャレンジすること！

困難を乗り越えた先には、間違いなく大きな楽しみが待っています。

人に会った回数だけは、大いに自慢しなさい

保険営業の世界でトップ営業マンといえば、法人営業を手がける方が多いと言われています。

しかし私はといえば、最近では法人営業にも力を入れるようになってきましたが、

ベースはあくまでも個人のお客様です。一人の社長さんから月一〇万円の契約をもらうよりも、一〇人のお客様から月一万円の契約をもらいたいと思っています。

私が個人営業にこだわるのは、一人でも多くのお客様に会いたいと思っているからです。

営業マンは、人に会った回数分だけ確実に成長します。

十人十色という言葉があるように、一〇人のお客様に会えば一〇通りの反応が返ってきます。同じ商品を同じようにご案内しても、すぐに納得して契約してくれる方もいれば、なかなかウンと言ってくれない方もいます。私はそんな多様な反応から自分を分析し、少しずつ現在の営業スタイルを築き上げてきました。

人に会うということは、成長するということとイコールです。

だから人に会った回数だけは大いに自慢すべきだと思っています。それは見せかけではない、本当の財産に結びついているからです。そうすればますます人に会うモチベーションも高まります。

あなたがもし営業に自信をもてずにいるのなら、まずはたくさんのお客様に会ってください。たとえ契約には結びつかなくても、多くのお客様にお会いしたという事実の積み重ねは、あなたに多くの発見と自信をもたらすはずです。

ノウハウは秘密にするより公開したほうが断然「お得」

ソニー生命のライフプランナーは、支社長や営業所長などごく一部の管理職をのぞけば、全員が〝いち営業マン〟です。職位の違いはあるものの上下関係はなく、私にも部下はひとりもいません。つまりライフプランナーは全員が対等のライバルであり、部下や後輩を育てる義務は負っていないということです。

にもかかわらず、ライフプランナーは自分のノウハウや成功事例を惜しみなく公開するし、後輩から「どうすればお客様に満足していただけるのか」と相談されれば親身にアドバイスを与えます。**全員がそうだとは断言できませんが、少なくとも営業成績のよいライフプランナーで情報を出し惜しみするような人を、私はひとりも知りません。**

同僚に営業ノウハウを教えるのは、考えようによってはライバルを利するような行為です。それでも私たちがあえて情報をシェアするのは、みんなで会社を盛りたてていこうという仲間意識もありますが、**それ以上に、教えたノウハウ以上のリターンがあることがわかっているからです。**

たとえば私が社内の勉強会でアンケートの使い方を公開すると、参加者からは「自分はこんなアンケートを使っている」「フォーマットはこうしたほうが見やすいのではないか」などいろんな意見が出て参考になるし、お礼にと言って自分の〝とっておきネタ〟を教えてくれる人もいます。

いい情報を返してくれるのはベテランだけではありません。私がよく面倒をみている後輩は、こちらがパソコン操作などで困っているときに気持ちよく手を貸してくれてとても助かっています。それにまた、若手とのなにげない会話から〝最近の若者事情〟を垣間見るのもいい勉強になるものです。

もしも私が自分のノウハウを自分だけの秘密にするタイプであったなら、周囲の信頼を得られずに孤立し、貴重な助言や情報から遠ざかっていたと思います。

自分のカードを伏せることは、成長の機会をみすみす逃すようなもの！

これはと思った情報やノウハウは、ケチケチせずにどんどん発信していきましょう。

社内イベントには無理してでも参加したほうがいい

同僚たちとの交流を深めるために、**私はゴルフやバーベキューといった社内イベントにもできるだけ参加します。**このようなくだけた雰囲気のときは、公の場では出ないような話を聴けることも少なくありません。

先日もある優秀なベテラン営業マンから思いがけない告白が飛び出しました。その人はなんと十年も前から週に一回、企業に飛びこみ営業をやっているというのです。これから法人営業にも力を入れていこうかと思っていた私にとって、彼の話はとても参考になるものでした。

「個人のお客さんは飛びこみ営業を敬遠されるけど、企業は違う。商売をしているところは基本的に千客万来だから飛びこみ営業にも優しいんだよ。とはいえ成功率は低い。断られたら悲しくなる。だから僕は、飛びこみのときは必ず二人以上のチームをつくって訪問し、ダメだったときはお互いにフォローしあって心のケアをしてるんだ。山本さんもそういうこと試してみたらいい勉強になると思うよ」

彼ほどのキャリアがある営業マンは、飛びこみ営業などめったにやりません。彼とは長いつきあいになりますが、これまで一度もそんな話が出なかったのは、自分でもなんとなく気恥ずかしさを感じていたからだと思います。

ところがイベントの場だとそういう話がポロリと出てくる。仕事を離れた解放感、リラックスしたムードがそうさせるのでしょう。

地道に続けることは、道を極めること

私は転職一年目に新人賞を獲得して以来、ずっと成績上位者に名を連ねてきました。**ライフプランナーとしての〝職位〟も毎年上がり、最短の五年で最上位の「エグゼクティブ・ライフプランナー」になりました。入社後一〇年で連続挙績四六〇週という記録を打ち立てたことで、業界ではちょっとした有名人にもなりました。**

「どうしてそんなに紹介や契約をいただけるのか」という質問は、これまで何度受けたかわかりません。そのたびに私はアンケートの効用を力説するわけですが、「本当にそれだけ？」と半信半疑の顔をされることもしばしばです。

でも、正真正銘「それだけ」なのです。一〇年間の保険営業人生を振り返り、なにか人と違うことをしただろうかと考えてみても、思い当たるのはアンケートを取り続けてきたということくらいです。

厳密には、そのアンケートですら一〇〇％私のオリジナルではありません。試行錯

誤を重ねて〝山本流〟に改良したとはいえ、原型は先輩から教わったものだし、そもそも営業にアンケートを活用するというのは昔からある手法です。

ならば私のオリジナリティとはなんなのか？
なぜほかの営業マンにできないことが自分にはできるのか？

ひとつ言えるとするなら、アンケートで紹介をもらうという方法を知って以来、地道にそれを継続してきたことが私の糧となっているのでしょう。

じつをいえばほんの一時期、アンケートをやめたことがありました。でも、アンケートがないとどうも調子が出ない。口頭で「よかったところ」を聴くだけでは自己肯定感が長続きしないし、お客様はお客様で、口約束の紹介ではなかなか電話をかけてくれないのです。

そのことに気づいた私はすぐにアンケートを再開し、以来、契約してくれたすべてのお客様にアンケートをお願いし続けています。

ひとつのことを地道に続けるということは、その道を極めるということです。

私も一〇年間にわたって一〇〇〇人以上のお客様にアンケートをお願いしてきたことで、お客様に快くアンケートを書いてもらう方法や、紹介を頼むときの〝ものの言いよう〟など、いろいろなことがわかってきました。

また、ここまで長くアンケートを続けていると、その記録をもっと伸ばしたいという欲も生まれます。お客様からいただいたアンケートが山のようにたまっていくのがうれしく、もっと増やしたいと思うようになります。

こうなるともはや趣味に近い感覚で、お客様にそのつどアンケートをお願いすることなど面倒でもなんでもなくなります。

記録を伸ばす楽しみといえば、連続挙績だってそうです。せっかく四六〇週までできたのだから五〇〇週まで伸ばしたい、五〇〇週を達成したら次は六〇〇週を目指したいというように、続けること自体が楽しみになっていきます。

ひとつのことをまじめに励行していけば、継続そのものを楽しめる日はきっとやってきます。そしてそれが、いつしか「奇跡」を生むのです。

アンケート一枚で営業の可能性も、未来の可能性も変えられる

エグゼクティブ・ライフプランナーである私は、会社のオフィス内に専用の個室を与えられています。私はその個室の壁に、営業目標や成績表、好きな名言を書いた紙などをべたべたと貼ってモチベーションの支えにしています。

そんな雑多な〝展示物〟のなかでもひときわ大きいのが、公私にわたるさまざまな夢や目標をまとめた「夢マップ」です。これは二、三年ほど前につくったもので、当時の私はこんな夢を綴《つづ》っていました。

★六五歳の定年までずっと社長杯に入賞し続け、最高栄誉の社長賞も獲得する！
★六五歳まで毎年家族と海外旅行へ！（一二年で一二か国を巡る！）
★講演会を開く！
★自分の営業ノウハウをまとめた本を出版する！

★花火が見える場所にマンションを買って、ゆくゆくは子どもたちに相続させる！
★老後は病院に近い便利な場所に居を移し、妻と安心して暮らす！

いまのところ、私の夢はすべて現実になりつつあります。社長杯への連続入賞はもちろん、昨年は二度目の社長賞も達成しました。講演の依頼も多くいただいており、本の出版もおかげさまでこのとおり実現できました。家族との海外旅行もできているし、マンションの購入資金もたまっています。

私がこうしたさまざまな夢を実現できたのは、すべてアンケートのおかげといっても過言ではありません。このたった一枚の紙が私の可能性を広げ、人生をバラ色にぬり変えてくれたのです。

ふつうに仕事をしているだけでは、営業マンはなかなか自己分析の機会に恵まれません。とくに保険営業はお客様と一対一で商談をおこなうため、自分の営業を客観的に評価するのは難しい。結果だけが見えて、その過程はうやむやになってしまう世界です。

ところがアンケートがあれば、営業のどこがよくてどこが悪かったのか、お客様が分析して答えを出してくれる。おまけにそこから紹介もいただける。この仕組みを確立できたからこそ、私は入社以来トップクラスの営業マンとして走り続け、結果として収入も大幅にアップし、プライベートな面での夢も叶えることができたのです。

アンケートがもたらすのは、個人的な幸福だけではありません。

〝山本流〟の紹介は、「自分がいいと思ったものを親しい人にも教えてあげよう」「困っている人の役に立とう」というお客様の善意によって成り立っています。お客様は私利私欲のためではなく、助け合いの気持ち、ボランティアの精神で紹介に協力してくれます。

だからこそ私は、紹介という「文化」の輪を日本中に広げたい！

お互いがお互いを気遣い、助け合う。

いいものをみんなに紹介して共有する。

そして、幸福の輪が広がっていく。

そんな文化が日本に根づけば、人々の絆《きずな》は深まり、ずっと安心して暮らせる国になるはずです。

現在の日本では、隣人の顔すら知らない人が増えるなど、人と人との関係が希薄になっています。こうした時代だからこそ、紹介によって人と人をつなげていくことには大きな意義があります。

商品を売るということは、幸せを提供することです。

自分のために。

お客様のために。

そして日本という国をよりよくしていくために、あなたもぜひアンケートを活用し、「紹介」というすばらしい文化の輪を広げていってほしいと思います。

あなたの人生が変われば変わるほど多くの人の人生が幸せになり、それ以上にあなたの人生がますます光り輝くことになるのです。

アンケート用紙の解説

アンケート

Ⓒ 夢の実現応援団長

Ⓐ
この度は、私どものお話の機会を頂きまして、
誠にありがとうございました。
今回のお話を聞いていただきましたご感想をお聞かせ下さい。

Ⓑ

ソニー生命保険株式会社
神戸ライフプランナーセンター神戸中央支社
第1営業所
ライフプランナー 山本 正明《やまもとまさあき》
〒650－0034
神戸市中央区京町80
クリエイト神戸7F
電話 078－333－1131
FAX 078－333－1130

Ⓓ

Ⓔ

① ソニー生命について、ご理解いただけましたか？

はい ・ いいえ

② 3つの保険について、ご理解いただけましたか？

はい ・ いいえ

③ ソニー生命のオーダーメイドについて、ご理解いただけましたか？

はい ・ いいえ

Ⓕ

④ 私の話で印象に残っていることは何でしょうか？トップ3を教えて下さい。

3つの保険、ライフプラン、入院保障の終身タイプ、その他、応援メッセージなど

1
2
3

Ⓖ

⑤ 保険に入る方ではなく、この様な保険の知識を伝えたい方はいらっしゃいますでしょうか？

Ⓗ お顔の広いところで、お二人くらいで結構ですので紹介してください。

Ⓘ

- ご親族　両親・兄弟・親戚
- 会社　同僚・先輩　後輩・取引先
- お友達　学生時代・サークル　飲み友達　お子様が生まれた方　ご結婚された方
- 自営業の方　お知り合いの医者
- 年賀状を送る方　携帯に登録している方

このような方々をご紹介ください。

Ⓙ

お名前	ご関係など
さま	
さま	
さま	
さま	
さま	

Ⓚ

私よりご連絡等をさしあげることにつきまして、ご了承をいただいた上でご紹介下さい。
ご記入いただいた先方様のお名前、ご連絡先の取り扱いにつきましては、今回のライフプランニングに関する面会およびご挨拶状送付、ソニー生命およびグループ各社の各種商品の情報提供、サービスなどの案内のみに利用させていただきます。ご本人の同意なく第三者に開示することはいたしません。

SL00-3200-0113

A（挨拶のフキダシ）

まずはお礼の言葉から――。契約してくれたことではなく、話を聴いてくれたことに対して感謝の気持ちを示しつつ、アンケートへの協力をお願いします。

B（似顔絵）

似顔絵を使うことで親しみやすさをアピールするとともに、ソニー生命という会社だけではなく、私自身のこともアピールしています。なおインターネットで検索すれば、数千円で写真から似顔絵をおこしてくれるイラストレーターもたくさん見つかります。

C（キャッチコピー）

自分のミッションをひとことであらわすキャッチコピーを添えています。

D（プロフィール欄）

その場で回収するアンケートなので、本来、住所や電話番号を入れる必要はありません。ただしソニー生命では責任の所在を明確にするため、お客様への頒布物には必ず住所・電話番号・所属部署・担当者名を入れる決まりになっているので、必然的にこのようなプロフィールになっています。そうした規定がない会社の方は、住所・電話番号の代わりに自分の趣味や家族構成を入れるなど、親近感がわく内容にアレンジするのもいいでしょう。

E（①〜③の質問）

導入部分には「はい／いいえ」の二択で簡単に答えられて、しかも答えが必ず「はい」になる質問を三つ続けます。「はい」「はい」「はい」と三連続でマルをつけた勢いで、紹介も「はい」になりやすくなるとの思いからです。質問内容はとくに限定しませんが、バランスを考えると①は会社について、②は商品の内容について、③は商品の独自性や魅力について聴くのがおすすめです。

F（④印象に残っているところベスト3）

印象に残っているところを聴かれても、どんなことを書けばいいかわからないお客様もおられるので、必ずいくつか「例」を入れておきます。三つも思い浮かばないというお客様には「応援メッセージ」を書いてもらいましょう。

G（⑤紹介依頼：質問文）

あくまでも「役立つ話」を教えるための紹介であることを強調します。

H（⑤紹介依頼：質問文の補足）

「お二人くらいで結構ですので……」と控えめにお願いします。紹介相手を書く欄は五人分ありますが、最初から「二～五名ほど紹介してください」と頼んではいけません。ハードルを「二人くらい」と低めに設定しておけば、お客様は「もう少し紹介すると喜んでくれるだろうな」という気持ちになり、結果的により多くの名前をあげてくれます。

I（⑤紹介依頼：紹介先の例）

お客様が紹介相手をイメージしやすいように、ご親族、会社、お友達などカテゴリー別に具体例を入れておきます。四番目の「自営業の方」「お知り合いの医者」というのは、そういう人がいればぜひ紹介してほしいという期待をこめて入れています。五番目の「年賀状を送る方」「携帯に登録している方」は、他のカテゴリーでは思いあたる相手がいないという方への最後の砦《とりで》です。どんな人でも年賀状をやり取りする相手は必ずいるし、携帯の登録件数がゼロという人もまずいません。

J（⑤紹介欄）

ここでは紹介相手の名前と関係（親戚《しんせき》、高校時代の友人、職場の同僚など）だけをたずねます。住所や電話番号まで書いてもらおうとすると、それだけでハードルがぐっと上がってしまうからです。ただし、あまりにも遠方では訪問できないため、お住まいの都道府県くらいは会話のなかで聴き出してメモをとっておきましょう。なお紹介欄の大きさは五人分が適当です。三人分では少なすぎるし、一〇人分もあるとお客様が引いてしまいます。

K（脚注）

最後に個人情報の取り扱いについて明記します。たとえ個人情報に関する公式的な規定がない会社でも、あなた自身の誓約として、この一文は必ず入れてください。全体が引き締まり、お客様からの信頼感が格段に高まります。

おわりに

転職一年目の私が新人賞を獲得したとき、軽井沢で開かれた授賞式には妻と四人の子どもたちも招かれて、全員が壇上でスピーチをおこないました。そのとき中学生だった長女のスピーチと次女の笑顔を、私はいまでも忘れることができません。

「お父さんは風邪をひいたときでも、仕事にいかなあかんと言って家を出ていきます。私はその姿をみて、じつに大変な仕事なんやなと思って、いつも心配していました。でもこうしてお父さんが立派な賞をもらって、みんなで軽井沢にも連れてきてもらって、今日はほんとうにうれしい気持ちでいっぱいです」

この言葉を聴いた私は、家族に晴れ舞台を見せることができた喜びをかみしめるとともに、自分がどれだけ家族に心配をかけていたかをあらためて思い知らされました。

それもそのはず、当時まだアンケートで紹介をもらう方法を知らなかった私は、朝から晩まで働きづめ。当然ながら家族サービスの時間などないに等しく、妻からは「これだけ家をほったらかしにして働いたんだから、新人賞くらいとって当然っ！」と言われる始末でした。


ところが、アンケートという魔法のツールを手に入れてからの私は変わりました。見込み客を探す労力が不要になり、契約率も大幅に改善されたことで、仕事は劇的に楽になりました。毎週きちんと休めるのはもちろんのこと、年に一度は長期休暇をとって家族と海外旅行もできるようになりました。さらに、社長杯の上位入賞者は家族ともどもハワイでの授賞式に招待され、私はここ数年ずっとその地位をキープしているため、家族と一緒に過ごす時間はさらに増えました。

いまから一〇年前、転職に猛反対していた妻も、いまやいちばんの理解者として私を支えてくれています。私が妻や子どもたちと良好な関係を築くことができたのも、すべてアンケートを軸にした紹介ノウハウの賜《たまもの》です。

そして私はいま、ひそかにある〝計画〟を練っています。

二人の息子のどちらかに将来、私の仕事を継いでほしいと思っているのです。

息子たちは現在、中学生と高校生――私が定年を迎える十一年後には、彼らも社会人として数年の経験を積んでいる計算になります。そのときもし彼らが営業の仕事に興味をもってくれたなら、私はライフプランナーへの転職を強くすすめ、もてるノウハウのすべてを伝授するつもりでいます。

私はそれだけこの仕事に誇りと愛着をもっているのです。

もちろん、こんな夢をもてるようになったのも「紹介」と「アンケート」のおかげです。もしも私がアンケートという魔法のツールに出合わず、そして紹介もとれず盆と正月にしかゆっくりと休めないような毎日を送っていたとしたなら、とてもじゃないけど息子たちに同じ道を歩ませようとは思わなかったでしょう。

最後に、本書の出版にあたり多くの方々にお世話になりました。その方々に、この場をかりて感謝の言葉を贈らせていただきます。まずは、出版のチャンスを与えてくださった中井塾塾長の中井隆栄様、かぎろい出版マーケティング代表西浦孝次様はじめ、中井塾のメンバーの励ましがあったことでここまでこれたことに感謝いたします。

また、サンマーク出版綿谷翔様の並々ならぬお力添えに感謝いたします。

そして、未熟な私を育てていただいた前職のハザマの社員の皆様には、さまざまな場面でいつまでも仲間としての私に声援を送ってくださり本当に感謝の気持ちでいっぱいです。

さらにソニー生命の役員、支社長はじめ、多くのライフプランナーの皆様からたくさんのことを学ばせていただきました。本当にありがとうございました。

私は本書を、息子たちにも読ませるつもりで執筆しました。

だからこそ本書にはうそも出し惜しみも一切ありません。ここには私のすべてが詰まっています。あとは読者であるあなたが、本書のノウハウを忠実に実践し、私以上にすてきで幸せな人生を歩まれることを願うばかりです。

二〇一三年六月

山本正明

山本正明（やまもと・まさあき）

「紹介率 80％」を誇る、ソニー生命の奇跡のライフプランナー。
1959 年、兵庫県生まれ。保険営業未経験ながら 2003 年、ソニー生命に 44 歳で転職。転職の年齢制限が 45 歳以下のため、1 年前というギリギリのタイミングにもかかわらず異例の未経験者採用となった。
知り合い 100 人を回って 1 件も契約がとれないなど、いきなりの不振にぶちあたるも、とあるお客様との出会いから営業における最重要ポイントは「紹介」にこそあると気づく。その後、「紹介」に焦点をあてた営業スタイルを確立し、またたく間に営業成績が上昇。30％に満たない契約率が 80％を超えるまでになる。40 歳半ばからの転職組にもかかわらず、6 年連続で全国最大の神戸中央支社で No. 1 の成績を記録する。気づけば 50 歳を超え、2 度の社長賞受賞、社内の短期コンテストでは 4,000 人を超える営業マンの No. 1 となる。契約件数は毎年 200 件以上にのぼり、たった 10 年での連続挙績の記録は「奇跡の 460 週」を達成。現在も記録を伸ばし続けている。
1 人のお客様からの紹介率は 80％で平均紹介人数は 2.5 人。そのため、紹介者数もまた「毎年 200％」という奇跡的な数字を記録している奇跡の営業マン。

著者HP
http://masasan.com/
※「ライフプランナー」はソニー生命保険株式会社の登録商標です

奇跡の営業

2013 年 7 月 20 日　初版発行
2013 年 8 月 9 日　第 4 刷発行

著　者　山本正明
発行人　植木宣隆
発行所　株式会社 サンマーク出版
東京都新宿区高田馬場 2-16-11
(電)03-5272-3166
印　刷　中央精版印刷株式会社
製　本　株式会社若林製本工場

定価はカバー、帯に表示してあります。落丁、乱丁本はお取り替えいたします。

ISBN978-4-7631-3293-2 C0030
ホームページ　http://www.sunmark.co.jp
携帯サイト　http://www.sunmark.jp